監修者——加藤友康／五味文彦／鈴木淳／高埜利彦

［カバー表写真］
名古屋市の米騒動
（1918年8月11日。桜井清香筆『米騒動絵巻』）

［カバー裏写真］
外務省入省時の原敬
（1882年）

［扉写真］
「白頭翁」とあだ名された首相就任時の原敬
（1918年）

日本史リブレット人 094

原敬

日本政党政治の原点

Suetake Yoshiya
季武嘉也

目次

「未来」と「現実」の調和

原敬という名は、教科書的にいえば、もちろん日本で最初に政党内閣を樹立した民主主義的政治家として有名である。軍人や藩閥《はんばつ》・官僚政治家が強い影響力をもっていた明治中後期・大正初期において、類いまれな強い意志とエネルギッシュな行動力によって非政党勢力を打ち破り、ついに一九一八(大正七)年九月二十九日立憲政友会《りっけんせいゆうかい》を基礎とした政党内閣を樹立した。このこと自体は当時のすべての国民も大歓迎したし、原敬の豪腕も高く賞賛された。

しかし、そこにいたる過程および首相在任時の際の彼への世間の評価は、あまり手放しで賞賛するものではなかった。たしかに「平民宰相《へいみんさいしょう》▲」という表現に代表されるように、東北の一貧民から苦労して身を起こし、デモクラシーを力

▼**「平民宰相」**　後述するように原敬は家老の家に生まれたが、みずからの意思で族籍《ぞくせき》を士族《しぞく》から平民に移した。

強く推進したという評価がある一方で、たとえば犬養毅《いぬかいつよし》▲のように軍閥《ぐんばつ》・官僚閥と徹底的にたたかうのではなく、話合いを繰り返しながら政局運営を進めるその姿勢には「妥協政治家」というレッテルが貼られたし、また「西にレーニン、東に原敬」▲と指摘されたように、保守的・現実主義的な独裁者という見方もあった。実際、原は首相在任時盛り上がっていた普通選挙（普選《ふせん》）法案に反対していた。今回、この執筆にあたり改めて当時の原敬評を読みなおしてみたが、その九割が厳しい批判であったことは印象的である。

「理想的民主主義者」なのか、「保守的・現実的独裁者」なのか。この相反する二つの評価は、実は現在にいたるまで継承されている。この「原敬」像の分裂は、一体どこに原因があるのだろうか。

結論的にいえば、これは彼個人の責任ではないと思う。強いてそれを問えば、社会であり、時代であったと答えるしかないように思われる。

社会であるという理由は、原の遠い未来の政治的理想と、その対極の現実的・短期的な政治戦略の関係が、他人（とくに原を批判した当時の大部分の進歩的知識人たち）に理解してもらえなかったことにある。彼のなかでは「言行一致」し

▼**犬養毅**　一八五五〜一九三二年。「憲政の神様」といわれた政党政治家。国民党《こくみんとう》・革新倶楽部《かくしんクラブ》の指導者。理想主義、清廉がトレードマークで、つねに少数党でありながら、とくに青年層に人気が高かった。

▼**「西にレーニン、東に原敬」**　立憲憲政会《けんせいかい》代議士永井《ながい》柳太郎《りゅうたろう》が一九二〇（大正九）年七月八日に衆議院で行った演説の一節。今日の世界で階級専制を主張する者は、西に労働者独裁を叫ぶソ連のレーニンあり、東には資本家階級の独裁を主張する原首相あり、ともに民本《みんぽん》主義の大精神に反するという点では同じである、と述べた。

ているものが、外からは「言行不一致」に映ったということである。

時代であるという理由は、原内閣期に時代そのものが急速に変化したことによる。一九一四(大正三)年から一八年にかけて起こった第一次世界大戦は未曾《みぞ》有《う》の戦禍《せんか》▲をもたらした。その結果、それまで数世紀にわたって世界をリードしてきた西欧の「没落」が叫ばれ、かわって社会主義国家ソビエト連邦の誕生、民主主義の地球的普及をめざす世界一の大国アメリカ合衆国の登場、そして辛亥《しんがい》革命《かくめい》▲をへて力強く民族主義的方向を打ち出した中国の台頭、と国際社会が激変した。簡単にいえば、現在でも大きな影響力をもつ大国が出揃い、かつそれらが自由主義陣営、社会主義陣営に分かれて対立するという、二十世紀国際社会の基本的枠組みが成立しつつあったのである。この大変動は当然日本に無関係ではありえなかった。軍事・外交・経済はもちろんのこと、それまで臥薪《がしん》嘗《しょう》胆《たん》を強いられてきた日本国民の生活もおおいに刺激され、さまざまな社会・思想・福祉問題が浮上した。

つまり、日本は対外的にも国内的にもこの時期は大きな転換期であったのである。ペリー来航によって幕をあけた日本近現代史であるが、その最大のター

▼戦禍　兵士戦死者は全体で約一〇〇〇万人であった。ちなみに、日露《にちろ》戦争の日本人兵士戦死者は約九万人、第二次世界大戦の世界の兵士戦死者は約二七〇〇万人であった。

▼辛亥革命　一六三六年に満《まん》州《しゅう》で成立した清《しん》朝はその後中国全土を支配し、北京《ペキン》に首都をおいた。しかし、十九世紀中ごろ以降は西洋・日本の圧迫によって徐々に衰退し、国内でも清朝打倒運動が激しくなった。結局、一九一一年、孫文《そんぶん》ら革命派の武装蜂起によって滅亡した。

ニングポイントはこの第一次世界大戦ごろであり、いうなれば分水嶺《ぶんすいれい》であった。原敬は首相としてまさしく分水嶺にまたがって日本の方向づけをしなければならず、したがって山のこちら側からみるか、向こう側からみるかで彼への評価も正反対とならざるをえなかったのである。

この本は次の三章によって構成される。①章「賊軍・貧困・流転」では、本来ならば家老《かろう》の子どもとして、もっと安楽な人生を送れたはずの原敬が、ペリー来航という時代の流れによってすっかり歯車を狂わされ、もがき続ける様相を記述する。②章「『今日主義者』原敬」では、逆に政党政治の発展を「世界の大勢」「時代の趨勢」と認識した原敬が遠い未来の理想をめざして立憲政友会に入党し、内には政友会の体質改良に、外には軍閥・官僚閥との葛藤に日々獅子奮《ししふん》迅《じん》の活躍をする姿を描く。③章「分水嶺に立ちて」では、前述のような時代の岐路に立ち、一歩ずつ手探りで日本の舵とりをする模様を記す。

①―賊軍・貧困・流転

零落する貴公子

一八五三(嘉永《かえい》六)年六月三日、アメリカ東インド艦隊司令長官ペリーが浦賀《うらが》に来航した。彼はけっして鯨を追ってわざわざ太平洋を渡って来たわけではない。彼の行動は、イギリスの『タイムズ』▲紙にも逐一掲載されたように列強注視のものであった。手つかずで残っている東アジア地域でどの列強が主導権を握るかという、世界的大問題と関連していたからである。

そればかりではない。結果的にアメリカ―日本の太平洋航路が拓かれたことで世界は一つに結ばれ、しかも当時の交通・通信手段の技術革新によって、その輪は時間的にも急速に縮まった。こうして世界史は新しい段階に突入したのであり、日本史における近世から近現代への移行は、このような世界的な時代の流れと深くかかわっていたのである。

そのペリー来航から三年後、原敬は一八五六(安政《あんせい》三)年二月九日盛岡《もりおか》藩に生まれた。南部《なんぶ》氏▲がおさめるこの藩は、現在の岩手県中北部から青森県東部そし

▼『タイムズ』　*The Times.* イギリスの有名な高級新聞紙で一七八五年創刊、現在世界最古の日刊新聞。

▼**南部氏**　源氏《げんじ》の流れをくみ、源頼朝《みなもとのよりとも》とともに活躍して甲斐《かいの》国《くに》南部牧《まき》をあたえられた光行《みつゆき》を祖とする。南北朝《なんぼくちょう》から戦国時代に陸奥《むつ》に進出し、豊臣秀吉《とよとみひでよし》の小田原《おだわら》城《じょう》攻撃に参加して岩手地方の所領《しょりょう》もえた。それは江戸幕府にも認められ、岩手・秋田・青森にまたがる一〇万石の大名《だいみょう》となった。

て秋田県鹿角《かづの》市と広い地域を支配する外様藩《とざまはん》であったが、石高《こくだか》がわずか二〇万石▲であったことからもわかるように、水稲栽培の北限地であり生産力は非常に低かった。そのためしばしば凶作飢饉《ききん》に見舞われ、年貢《ねんぐ》収奪も重なって百姓《ひゃくしょう》一揆《いっき》が多発▲していた。したがって、日本国中が海防のために大わらわであったこの時期でも、盛岡藩の課題は、他の東北諸藩と同じく相変わらず食糧の確保であり、日本全体の流れとは一線を画していた。

原敬が生まれたのは、現在のJR盛岡駅から三キロほどの盛岡市本宮《もとみや》村という郊外地であった(原敬記念館に隣接する生家は今も残っている)。この土地には敬より六代前の原茂平《もへい》が居を構え、以後、原家は城下に移らずここを拠点にして藩内各地で新田開発につとめ、とくに敬の祖父直記《なおき》▲の代はおおいに発展した。直記は二七歳のときに部屋住《へやずみ》の御側役《おそばやく》となって以降「気骨に富み、思慮深く、優れた政治的才幹」で出世し、御側御用人《ごようにん》、そして最終的には「高地家格《たかちかかく》」「家老《かろう》加判《かはん》」▲となり、いわゆる家老となったが、同時に新田開発にも力をそそいだ。この結果、原家は本宮村の米一〇〇〇俵余りもとれる自作地のほかに大迫《おおはさま》・志《し》波《わ》・小豆谷に知行所《ちぎょうしょ》をもち、茂平が藩に取り立てられたときは三〇石であっ

▼**二〇万石**　それまで一〇万石であったのが、一八〇八(文化《ぶんか》五)年に二〇万石とされた。ただし、これは幕府に公認された表《おもて》高であり、実際の生産力を示す裏《うら》高は明治維新の時点で三二万石あったという。

▼**百姓一揆が多発**　一八三三(天保《てんぽう》四)年と六六(慶応《けいおう》二)年にはとくに大きな飢饉が発生しており、天保期以降は大型の百姓一揆も発生した。

▼**原直記**　一七八五〜一八六〇年。

▼**「高地家格」「家老加判」**　高地とは藩主家と血縁関係にある家柄で、高地家格とはそれに準ずるということであった。「家老加判」とは家老とともに書類に判を押す者という意味で、やはり家老と同格とされた。

現在の原の生家　当時の約５分の１程度が現在の原敬記念館に隣接して遺された。写真は居間(左)と大正末期の増築部分(右)。

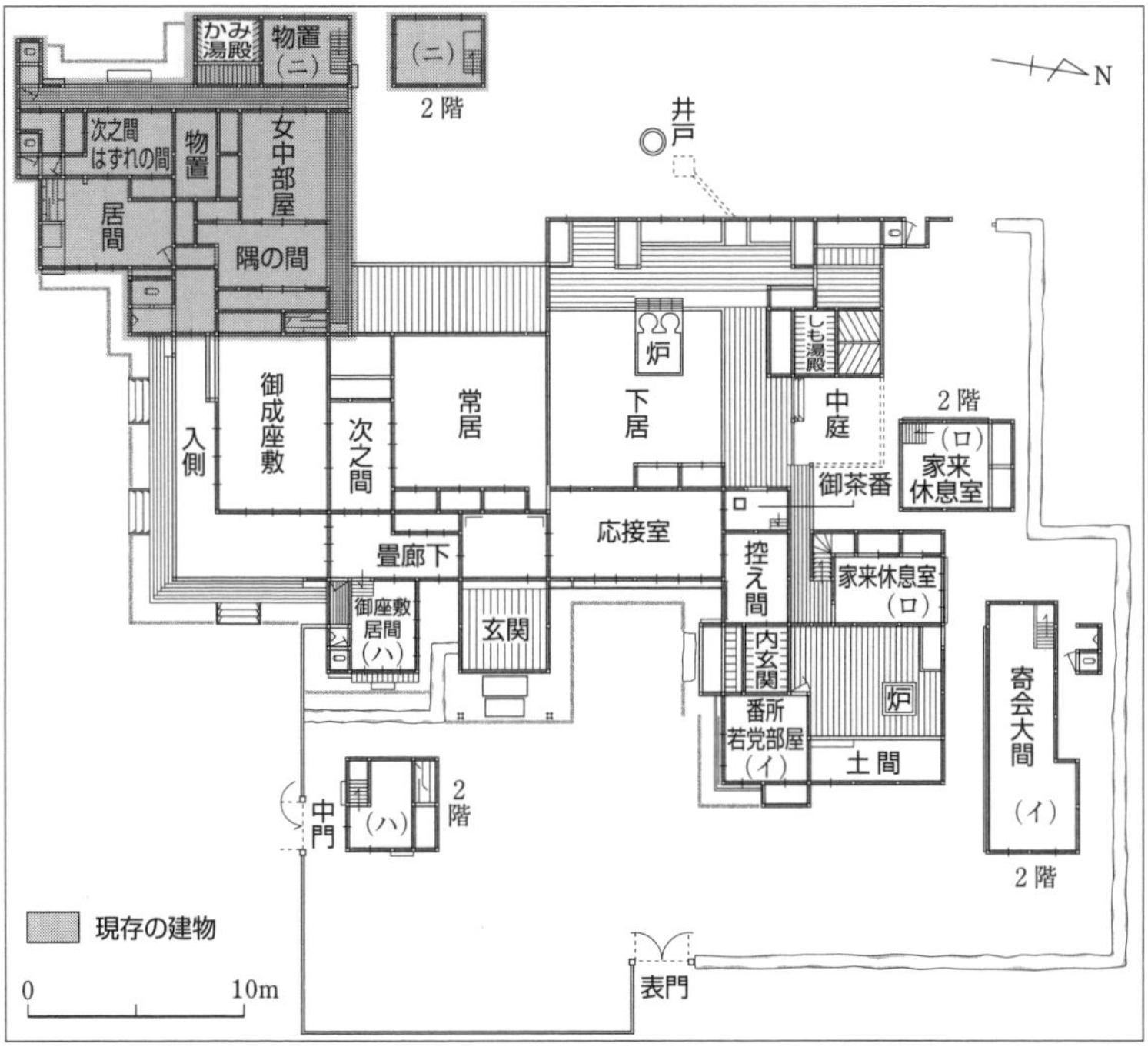

原家旧邸図(部分)

たのが、直記のときには二二六石八斗八升三合になったという。

また、その本宮の家は、直記によって一八五〇（嘉永三）年に大改築された。外濠・内濠に囲まれた屋敷地には表門・中門があり、藩主一家を招いたときに使う御成《おなり》座敷や若党《わかとう》部屋・番所《ばんしょ》、そして三つの土蔵《どぞう》もあったという。では藩主一家を招いてなにをするかといえば、江戸から取りよせた洋梨・水蜜桃・トマト▲などみずから栽培したものを御覧に供するのであった。すなわち殖産興業《しょくさんこうぎょう》である。ただし、西南雄藩の藩主が西洋の近代工業技術を導入しようとしたのに対し、東北の家老は西洋果樹であった。

このように、原敬は開発の遅れた東北で、時代の流れとは無縁に、殖産興業に励む進取で裕福で誉れ高い家に生まれ、彼自身もなんの憂《うれ》いもない門閥《もんばつ》の貴公子として将来を約束されていたといえよう。

しかし、それも束の間、原家もついに奔流に呑《の》み込まれていく。敬の父直《なお》治《じ》▲も直記と同じく御側御用人となり、さらに進んで家老加判に昇進するはずであったが、五一歳のときに心労と病気でなくなった。家督を継いだのは当時一四歳であった長男平太郎《へいたろう》（のち恭）で、次男の敬（当時は健次郎《けんじろう》）は一〇歳であった。

▼**トマト**　原家のことについては、原敬記念館『原敬研究資料43　原敬日記を繙く　原敬のイマ、ムカシ』などを参照。

▼**原直治**　一八一四〜六六年。

このため、母親リツが事実上一家を切り盛りすることになった。七人の子どもをかかえたリツの苦労は並大抵ではなかったという。

　このときに勃発したのが一八六八(明治元)年の戊辰《ぼしん》戦争である。鳥羽《とば》・伏見《ふしみ》の戦い以後、帰藩していた会津《あいづ》藩主松平容保《まつだいらかたもり》▲に対し、明治新政府は他の東北諸藩に討伐の命をくだした。また、盛岡・秋田・津軽《つがる》藩には別に庄内《しょうない》藩を討伐するよう命じた。しかし、東北および新潟の諸藩は会津・庄内藩の助命を願い出るとともに政府軍の蛮行を非難した。いわゆる五月三日の奥羽越列藩同盟《おううえつれっぱんどうめい》▲の結成である。しかし、新政府はなおも秋田・盛岡両藩に庄内藩討伐を命じ、秋田藩がそれに応じたため、盛岡藩は秋田藩と戦うことになり戦端は開かれた。結局、奥羽越列藩同盟は政府軍に屈服するのであるが、会津が落城してもなお最後まで戦い続けたのが盛岡藩であった(九月二十四日降伏)。

　降伏後、盛岡には政府軍が乗り込み、盛岡藩は仙台藩の一部であった白石《しろいし》一三万石に転封《てんぽう》されてしまった。さらに版籍奉還《はんせきほうかん》▲、盛岡への再転封(ただし七〇万両の政府への献金が条件であった)、士族禄制《しぞくろくせい》の改正▲などによって原家の収入は現米二二石余のみとなり、それすらも政府への献金の補塡や引越の費用にまわさ

▼松平容保　一八三六〜九三年。会津藩藩主から京都守護職《しゅごしょく》となり、公武合体《こうぶがったい》派の彼はいわゆる新撰組《しんせんぐみ》を使って長州《ちょうしゅう》藩などと対峙した。鳥羽・伏見の戦いで敗れたあとは、徳川慶喜《とくがわよしのぶ》とともに江戸にいき、さらに会津に帰郷していた。

▼奥羽越列藩同盟　東北二五藩や長岡《ながおか》・新発田《しばた》藩など越後《えちご》地方の藩も加わって結成された。彼らは輪王寺宮《りんのうじのみや》を押し立て東北に新政権を樹立しようとしたが、官軍《かんぐん》の前に屈してしまった。

▼版籍奉還　一八六九(明治二)年六月十七日に大名たちが土地と人民を天皇に返した。この結果、旧藩主は知藩事《ちはんじ》として残り、従来の石高の一〇分の一を俸禄《ほうろく》としてもらうことになった。

▼士族禄制の改正　士族の階層を定めたもので、南部藩原家の場合は中士《ちゅうし》に編入された。

れ、結局は生活のために代々たくわえてきた現金や武具・什器《じゅうき》を売却しなければならなかったのであった。零落したのは盛岡藩自体も同じで、最終的には献金の重さに堪えきれず一八七一(明治四)年の廃藩置県《はいはんちけん》の命令を待たずにその前年廃藩を申し出て認められ、やっと献金をまぬがれることができた。ただし廃藩の結果、原家の二二石余の家禄《かろく》はもとに復されることになった。

こんな原に、そして原周辺に薩長藩閥《さっちょうはんばつ》への復讐心がふくらんだのも、当然のことではあった。

苦学、そしてキリスト教

話は維新《いしん》以前に戻るが、原敬が就学したのは六、七歳のころで、いまだ原家が裕福な時期であった。太田代直蔵《おおたしろなおぞう》▲という人の寺子屋《てらこや》で習字などの手習いをはじめ、さらに小山田佐七郎《おやまださしちろう》という近所の人に漢籍をならうことになった。一〇歳になったころからは寺田直助《てらだなおすけ》から書道を、また工藤祐方《くどうすけかた》から算術をならうようになった。書道のほうは普通であったらしいが、漢籍においては優れた記憶力が、算術においては進歩の早さがめだったそうである。

▼**太田代直蔵**　地元本宮村で寺子屋を開いていた教育者。つぎに登場する小山田佐七郎もそうであるが、原はのちに彼らの顕彰碑を建設した。

どんな子であったかといえば、他の近代の偉人たちが腕白なガキ大将であったり、目から鼻にぬけるような明晰な頭脳の持ち主であるのに対し、「全く平凡」で「おとなしい、羞《はに》かみ屋」であったといわれる。それよりも原少年の特徴は、おしゃれで美少年の貴公子というものであった。やせてはいるが健康的で背が高い彼が「三つ桜の家紋入りの黒羽二重《くろはぶたえ》の着物に、仙台平《せんだいひら》の袴をはき、若党を従えた姿は菅原伝授手習鑑《すがわらでんじゅてならいかがみ》に登場する小太郎《こたろう》▲の寺入り姿」のように凛々《りり》しく美しかったという。のちの闘争的で議論好きの原の姿はここにはみられない。原敬を間近で観察した伝記作家前田蓮山《まえだれんざん》は、羞かみ屋こそ終生変わらなかったが、この時期は家老の家の子として鷹揚《おうよう》に育ったがゆえに、いまだ闘争心に火が付かなかっただけだろうと述べている(『原敬伝』)。

しかし、明治維新後は苦学が続く。一八七〇(明治三)年一月、原はこの年に復興された藩校《はんこう》の作人館《さくじんかん》▲に通学するようになり、同年七月にはその寄宿舎にはいった。ここでは漢学と国学を勉強したが、通常はおのおのが自習の形で古典を読み、月に数回ほど先生の講義や生徒同士の討論、作文発表会があったという。原の場合は、おもに『日本外史《にほんがいし》』『太平記《たいへいき》』『近思録《きんしろく》▲』を読み、漢文をつくって

▼菅原伝授手習鑑に登場する小太郎　菅原道真《すがわらのみちざね》を扱った歌舞伎演目「菅原伝授手習鑑」の登場人物で、道真の息子の身代わりとして寺子屋に送られ殺されてしまう。気品あふれる姿が有名であった。

▼作人館　一八六六(慶応二)年、それまでの明義堂《めいぎどう》を改称し作人館とした。那珂通高《なかみちたか》を中心に修文所《しゅうぶんしょ》(和漢学)・昭武場《しょうぶじょう》(武芸)・医学所《いがくしょ》(医学)の三つがおかれた。戊辰戦争で一時休止したが、この一八七〇(明治三)年に洋学所《ようがくしょ》も併設されて再開された。

▼『近思録』　十二世紀に朱熹《しゅき》と呂祖謙《ろそけん》が周敦頤《しゅうとんい》ら先学四人の文章を抜粋して編んだ書物で、朱子学《しゅしがく》の入門書とされた。近思とは、身近から考えるという意味。

いたようである。

原敬が遺した膨大な史料は、山本四郎氏の手によって整理され『原敬関係文書』全一一巻として刊行されたが、その書類篇冒頭に一五歳の原が書いた「書韓信出跨下図」という漢文が収載されている。一般の市井《しせい》の人間に、自分の股の下をくぐれといわれた韓信は敢えて股をくぐった、このように一時の恥をしのび怒りをおさえたことによって、韓信はついにその名を天下に轟かせ歴史に名を残した、壮士たる者はこうでなくてはならない、という内容であるが、ここには没落のなかで味わった強い屈辱と、それを抑制しつつ内に激しい闘志をわきたたせている少年の心情が読みとれよう。

こうしたモチベーションの高まりが、おそらく勉学意欲に火をそそいだものと思われ、彼は同年十月には授業料が免除され（本来ならば一七歳以上でなければならないが、彼は一五歳で抜擢された）、翌年春には句読師《くとうし》心得《こころえ》となり、安いながらも給与がもらえるようになった。

他方、旧藩主南部利恭《としゆき》は一八七一（明治四）年八月に上京し、共慣義塾《きょうかんぎじゅく》という英学校を開校した。これは次代の南部人を新知識で教育し維新の屈辱を雪《そそ》いだ

▼**『原敬関係文書』**　原のほぼ全生涯にわたって、彼が関係し遺した史料が収録されている。原が書いた作文・論説・覚書・日記や、公文書など重要な書類を多く含む。

▼**韓信**　紀元前中国の武将で、劉邦《りゅうほう》を助けた名将。「背水の陣」の考案者として有名。

▼**句読師**　教授・訓導《くんどう》の下に位置し、生徒のなかから選ばれて教授の補助をする者。

いという意図からであり、国元の有望な少年たちを上京させて勉強させようとしたのである。そうして選ばれた一三人のなかに原もはいっており、少年の誰もが東京遊学を強く望んだ。ただし、問題は学費であったが、原の場合は母リツが母屋の一部だけを残し大部分を売り払って工面した。こうして同年十二月、原は上京した。

しかし、京橋《きょうばし》木挽町《こびきちょう》にあるこの学校に原が在学したのはごく短期間であった。学費・寄宿料あわせて月額三円▲であったが、実家に泥棒がはいったため送金が止まってしまった。親戚や旧藩主に泣きついて借金するのを潔《いさぎよ》しとしない彼は、あくまで自力で乗りきろうとしたが、結局うまくいかず、岸俊雄《きしとしお》の家塾に移るがそれもすぐにやめ、一八七二(明治五)年秋に海軍兵学寮《へいがくりょう》▲を受験した。しかし、これも身体検査で落ちてしまった。

こうして行き着いたのが、マリンというフランス人が東京に開設していたキリスト教の神学校▲であった。キリシタン禁制の高札《こうさつ》が撤去されてキリスト教が黙認されたのは一八七三(明治六)年二月であるが、原が入学したこの七二年末は外国公使団の抗議もあって事実上布教活動が行われていた。信仰に共鳴した

▼**三円**　現在でいえば、約五万五〇〇〇円くらい。以下、金額は生産者米価を基準にして( )内に現在の価格を示すことにする。

▼**海軍兵学寮**　海軍士官《しかん》を養成する学校。一八六九(明治二)年九月十八日、東京築地《つきじ》に海軍操練所《そうれんじょ》が創設され、翌年十一月四日、海軍兵学寮と改称した。学生はすべて官費生で西洋式教育がほどこされた。のちに海軍兵学校と改称され、場所も広島の江田島《えだじま》に移転するが、日本海軍の士官はほとんどここの出身である。

▼**神学校**　東京のお堀端《ほりばた》を九段《くだん》方面にいったところにあった。二〇人ほどの寄宿生がおり、テキストはフランス語ではなく中国語であったという。

のか、生きるための手段だったのか、原の動機は定かでない。後年の原はこの時期についてあまり語っていないし、信仰の痕跡▲も明らかでないからである。しかし、一六〜一九歳という現在でいえば高校生という多感な年ごろに、原がキリスト教に接近したことは確かであった。

　接近の様相を簡単に紹介しよう。翌一八七三年四月、原は竹内寿貞《たけうちとしさだ》の紹介で横浜のフランス人エブラル方に寄寓するようになり、洗礼も受けた。洗礼名は「ダビデ＝ハラ」である。同年末エブラルが摂津《せっつ》に赴くのに同行、十二月横浜に帰る。このころは原がエブラルに漢書を教え、エブラルが原にキリスト教を教えるという関係であった。一八七四(明治七)年四月、エブラルが布教のため新潟▲に赴くのに学僕として同行、翌年四月まで滞在することになる。この間、一八七四年六月、一時帰省し、弟誠《まこと》をやはり学僕として新潟につれてきた。前田蓮山によれば、この時期に、原はエブラルからフランス語はもちろんのこと、「世界の大勢」についても学んだようである。

　後年の原には、どこか求道者《ぐどうしゃ》的な雰囲気があるが、おそらくキリスト教との出会いがそれを醸成したものと思われる。

▼**信仰の痕跡**　のちに原が住むようになった芝公園《しばこうえん》私邸の応接室には明治天皇・皇后両陛下の肖像の下に、聖母マリアの画像があったという有名な話があるが、信仰との関係は不明である。

▼**新潟**　新潟は当時五つしかない開港場の一つで、重要都市であった。

学生時代の原敬① 国元からの送金がとだえ、神学校に入学した一七歳のころの写真。

学生時代の原敬② 一八七六(明治九)年、難関を突破し司法省法学校に二番で入学したころの写真。長身でやせ型でおしゃれな美男子であったという。

賄征伐事件

新潟滞在中の一八七五(明治八)年四月、近代政治家の日記のなかでも白眉の『原敬日記』▲が「就学について新たな意欲が起こり、また分家の必要も生じたので盛岡に帰省する」という書き出しで始まる。ここには一念発起してあらたな人生をスタートしようとする強い意気込みが感じられる。具体的にいえば、原はエブラルの話や二年前にだされた民撰議院設立建白書《みんせんぎいんせつりつけんぱくしょ》▲、あるいは旅行中に直接みた富岡《とみおか》製糸場▲などを通じて「世界の大勢」を知り、新政府に対する不満を超えてあらたな人生の方向をみつけだしたのであろう。同時にプライベート面でも分家をして独立し、かつみずから希望して同年六月三十日平民《へいみん》の族籍となった。またこのころ、秩禄処分《ちつろくしょぶん》▲のおかげで原家にも多少の現金と公債があり、その分与にもあずかって将来の学資に宛てることも可能になった。その学資を手に同年十月ふたたび上京し、とりあえず箕作秋坪《みつくりしゅうへい》▲の三叉学舎《さんさがくしゃ》に入塾して受験勉強することにした。

このころのことは判然としないが、一説によると海軍兵学校や外交官養成学校を受験したが、失敗したという。そして、一八七六(明治九)年七月ようやく

▼**『原敬日記』**　一八八四(明治十七)年ごろより原の没年一九二一(大正十)年まで、ほぼ中断なく書き記されているが、その前は断続的に書かれた。以下、引用の際には『日記』と略記する。

▼**民撰議院設立建白書**　一八七四(明治七)年一月十七日、板垣退助・後藤象二郎《ごとうしょうじろう》・江藤新平《えとうしんぺい》・副島種臣《そえじまたねおみ》らが連名で左院《さいん》に提出した建白書。議会の開設を主張し、自由民権運動の契機となった。

▼**富岡製糸場**　一八七二(明治五)年十月四日に操業を開始した群馬県富岡の製糸場。政府が大金をかけて西洋の最先端技術をそのまま移入した工場で、当時でも殖産興業のシンボルとして有名であった。

▼**秩禄処分**　それまで武士にあたえられた俸給《ほうきゅう》(家禄)を全廃し、かわりに退職金の形で現金と公債をあたえるというもの。前田蓮山

によれば、原家には三〇〇〇円（現在の二二〇万円）の現金と同額の公債がはいったはずという。

▼**箕作秋坪**　一八二五〜八六年。岡山に生まれ箕作阮甫《げんぽ》に蘭学《らんがく》を学ぶ。幕臣《ばくしん》となって翻訳・通訳者として活躍、一八六八（明治元）年三叉学舎を開く。明六社《めいろくしゃ》にも参加した。菊池大麓《きくちだいろく》は息子。

▼**第二期生**　原の同級生には吉《よし》原三郎《はらさぶろう》・古賀廉造《こがれんぞう》（内務官僚）、秋《あき》月左都夫《づきさつお》・加藤恒忠（外交官）、松《まつ》室致《むろいたす》（司法官僚）、寺尾亨《てらおとおる》（法学者）、陸羯南・福本日南《ふくもとにちなん》（言論人）、国分青厓（詩人）らがいる。

▼**予科四年・本科四年**　予科は現在の大学の一・二年生にあたり、フランス語の本で幅広く世界の教養を学び、本科ではフランス法を勉強するはずであった。

司法省法学校に合格することができた。しかも、このときは志願者二〇〇〇人、うち書類選考によって試験を受けることができた者三七〇人、合格者一〇四人のなかで第二位という成績であった。これらの学校は現在でいえば国立大学であり、学生は官費生といって授業料はなく、しかも寮で生活し、食費・小遣いあわせて六円（現在の七万七〇〇〇円）が支給された。すなわち、エリート中のエリートであるが、そのかわりに自分の意思で退学することは許されず、また卒業後一五年は国家の命令に従わなければならなかった。

司法省法学校は、一八七二（明治五）年七月、司法官の養成を目的に設立され、当初は明法寮と称した。そして、一八七六年七月に最初の卒業生二五人を輩出し、原が入学したのは第二期生▲で予科四年・本科四年▲の八年間勉強する予定であった。このような環境のなかで原もずいぶんと勉強した。「勉強しろという督促が甚だしく、日々勉学に追われている。そのため世事に及ぶ暇がなく、束縛の身は辛い」と友人に書き送っている。この努力の結果、原は周囲から一目おかれる存在になったようである。「学校の中で最も人望があるのは原敬である。才学、識量に優れ、好んで天下の形勢を論じようとする原敬に、皆が心服

▼**萩の乱**　十月二十八日、長州藩の藩校明倫館《めいりんかん》を拠点に前原らが起こした士族反乱。広島鎮台《ちんだい》の兵によって鎮圧され、前原は斬首された。

している」、「非常にハイカラで、学才よりも世才に通じ、暗誦よりも弁説に長《た》けていた」とは、同級生の原評であった。

ところで、ここで原のいう「世事」とは政治のことのようである。一八七六年十月、前原一誠《まえばらいっせい》が山口県で萩《はぎ》の乱《らん》▲を起こした。いわゆる不平士族《ふへいしぞく》の武力反乱である。これに対し原は「頑固党《がんことう》」として非難したうえで「不平士族の反乱は国家のためには大変に良いことである。なぜならば、その影響は速やかに伝わるが、規模は小さい。また、不平士族は国家にとって人体の中の毒のようなもので、症状が現れれば対処することも可能となる」と述べている。ここからわかるように、原はすでに封建的ロマンチシズムとは一線を画していた。現実主義的な国家本位(ナショナリズム)に立ち、その一方で士族の没落を「天下の形勢」、つまり歴史の必然的な流れととらえる大局的な歴史観をもつようになっていたのである。こうして将来、政治の舞台で活躍することを夢みるようになっていったようである。

しかし、ここでも思わぬところから挫折が訪れた。一八七九(明治十二)年冬の日曜、外出していた数人の学生が帰寮し夕食にあずかろうとしたが、日曜の夜は食事をする学生が少ないのであまり準備がなく、彼らは十分に食べられなかった。そのため夜になるとお腹が減り、食堂に忍び込んで馬食したのであった。当時これを「賄征伐《まかないせいばつ》」といっていた。しかし、当然のことながらばれてしまい校長▲から外出禁止処分▲を受けたが、学生たちは、処分は受けるが校長には「心服せず」と抵抗した。この動揺は他の学生にも広がり湯呑《ゆのみ》所で連夜会合した結果、原が学生の意見を代表して、他の二人の学生とともに嘆願のため大木喬《おおきたか》任《とう》司法卿《しほうきょう》に直訴《じきそ》にいったが、結局認められなかった。しかも、彼らの態度に我慢ならなかった校長は、事件を起こした学生のみならず原にも退学命令をくだしたのであった。簡単にいえば、明治版大学紛争である。

もちろん、事件の原因は若い学生の逸脱行為にあるが、たとえば原も次のようなエピソードを伝えている。彼の奥歯が痛みだし食事ができないので、玉子を朝二つ、昼と夕に三つずつあたえられた。しかし、玉子ばかりも食べていられないので、あまったものを同室の学生にあたえた。ある夜、お腹が空いたのでその玉子を煮て皆で食べたが、それでもたりないので、痛み止め用に原の頬に張るパップ▲まで煮て団子にして食べたがとてもまずかった、というのである。

▼校長　校長は薩摩《さつま》人であったため、原ら東北の学生にはとくに厳しかったともいわれている。

▼外出禁止処分　処分を受けた学生は福本日南・加藤恒忠・秋月左都夫らであった。

▼パップ　『原敬日記』解説によれば、パン粉または小麦粉などを熱湯で粥《かゆ》状にして布でつつみ、炎症部分にあてて痛みをおさえるものであった。

つまり、賄征伐は、元気だがひもじい若者にはありがちなことだったのである。

冷めた民権理論家

退学後、彼は国元に帰ることなく退学仲間の陸羯南《くがかつなん》・加藤恒忠《かとうつねただ》・国分青厓《こくぶせいがい》とともに東京の安下宿にとどまってあらたな模索を始めた。前田蓮山によれば、彼ら四人は新聞記者になって民権運動▲を鼓吹し、つぎに国会議員として政治家になり、藩閥政府を打倒するんだということで意気投合したという。つまり、官途をめざした若者たちの夢が破れ、逆に彼らは政府の打倒を誓ったのであった。詳細は不明であるが、退学してすぐの一八七九(明治十二)年二月から七月ごろまで、原は中江兆民《なかえちょうみん》▲の仏蘭西《フランス》学舎に入学している。

ルソーの『社会契約論』を翻訳した『民約訳解《みんやくやくかい》』を発表するなど、自由民権運動急進派の理論的指導者として知られる兆民は、一八七四(明治七)年フランスから帰国すると、東京麹町《こうじまち》に仏蘭西学舎を開設しフランス学を教えていた。当時においては最先端の知識人であり、原もそれを慕って入塾したのであろうが、すぐにやめてしまった点を考えると、兆民の思想に共鳴したわけではなかった

▼**民権運動**　当時、愛国社《あいこくしゃ》第二回大会が大阪で開催されており、民権運動がふたたび高揚しはじめる時期であった。

▼**中江兆民**　一八四七〜一九〇一年。土佐《とさ》藩士。幕末にフランス学を学び、岩倉《いわくら》使《し》節団《せつだん》に同行してフランス留学。帰国後は元老院《げんろういん》官吏をしていたが、西園寺公望《さいおんじきんもち》が社長をつとめる『東洋自由新聞』を皮切りに言論人として活躍する。

ようである。

幕末維新期に「公論」という観念が広く存在したことが最近の研究でわかっている。身分に関係なく有志がそれぞれの主張を公表し意見を闘わせることによって、よりよき公論が形成され、政治はそれにそって行われるべきであるという考えで、本来であれば議会がその場になるのだが、議会がまだ存在しないこの時期では新聞がその代替となっていた。したがって、新聞界に身をおき、その論説が認められるということは、政界・官界での出世の糸口に直結していた。原たちも、そのような出世を夢みていた青年たちということができよう。逆に、藩閥政治家たちも、在野の俊英をわが傘下におさめようと、日ごろから目をひからせていたのであった。

さて、一八七九年十一月十六日、原は縁故▲を頼って、郵便報知新聞社になんとか入社することができた。当時の『郵便報知新聞』▲は政治・外交を論じる上局と、雑報などを書く下局に分かれており、原は下局に所属し、横浜で発行されたフランス語の新聞を翻訳するのがおもな仕事であった。しかし、しだいに藤《ふじ》田茂吉《たもきち》▲に認められるようになり、論説も書くようになった。その最初が一八八

▼縁故　同郷の友人阿部浩《あべひろし》ともいわれている。阿部は当時、岡山県の地方官であった。のちに衆議院議員や各府県知事をつとめる。

▼『郵便報知新聞』　一八七二(明治五)年、郵便制度を築いた前《まえ》島密《じまひそか》によって創刊された。のちに藤田茂吉など慶應義塾《けいおうぎじゅく》関係者が入社して改進党系の新聞となる。一九四二(昭和十七)年『読売新聞』に併合されて、名称は消滅するが、戦後はスポーツ新聞として、その名前は復活する。

▼藤田茂吉　一八五二〜九二年。大分県に生まれ、慶應義塾で福沢諭吉に認められて郵便報知新聞社に入社、以後、新聞人として、また改進党代議士として活躍する。

▼『**原敬全集**』　上下巻。原が書いた論説や演説を集めて収録している。以下、引用の際は『全集上』『全集下』と略記する。

○(明治十三)年八月三日付で書かれた「官民相対《あいたい》するの道を論ず」であった。この論文は浩瀚《こうかん》な『原敬全集』▲の冒頭に収載されたものであり、将来の政治家原敬を暗示するものなので、ちょっと紹介しよう。

官と民は、「理」だけで相対してはいけない、また「情」だけで相対してもいけない、もし「理」だけで交われば、おたがいに理屈ばかり述べて妥協せず、ついに離間して社会が機能不全に陥るだろう、また「情」だけで交われば、おたがいに遠慮してなすべきことをせず、萎縮して国家は富強の域に進まないだろう、「理」と「情」二つながらの姿勢をもって時には対立し、時には協力することが望ましい、その好例がイギリスの二大政党制である、両党は激しく論戦を繰り広げながらも、選挙で野党が勝てば与党はいさぎよく政権を譲っている、これにならって、藩閥政府も民権派の国会開設請願運動に対し「情」をもって接すべきである、と。

もう一つ紹介したい。「政体変更論」(『全集上』同年十一月四・八日)である。

藩閥政府が時勢に逆行してきたかといえば、その反対である、維新以後、藩閥政府は四民平等《しみんびょうどう》・地租改正《ちそかいせい》・裁判制度などさまざまな改革を行ってきた、日本人が立憲政体《りっけんせいたい》▲の何物かも知らないうちに「五箇条《ごかじょう》の誓文《せいもん》」▲では「広く会議を興し万機公論《ばんきこうろん》に決すべし」と述べている、この結果、国民は覚醒され、ついに立憲政体を熱望するようになったのは明らかである、にもかかわらず、藩閥政府が現在のこの熱望を無視するのは困ったことである、と。

　原は一方で「世界の大勢」「天下の形勢」として遠い未来を描きつつあった。これは彼のいう「理」にあてはまろう。しかし、それだけではいけないのであり、それゆえに藩閥政府には一定の評価をあたえ、逆に理想主義一辺倒の中江兆民とは肌があわなかったのであろう。しかし、逆に将来の展望をもたず、感情的に薩長藩閥への恨みに固執する不平士族ら「頑固党」の議論にも、「情」に流されて与《くみ》することはなかった。いうなれば原は、現実的で醒《さ》めた目をもつ民権運動の理論家だったといえよう。

　ところで、このような原の思想の特徴はどこにあるかといえば、とくに珍しいものでもない。国際社会を国家間競争とみなし、文明化・富国強兵《ふこくきょうへい》のため官民協力すべきであるという議論は、福沢諭吉《ふくざわゆきち》▲でもお馴染みのものである。したがって、福沢系の郵便報知新聞社も原にとって必ずしも居心地の悪いところ

▼**立憲政体**　憲法に則って行う政治ということであるが、当時は議会開設もその意味のなかに含まれていた。

▼**「五箇条の誓文」**　一八六八(明治元)年四月六日、明治新政府の基本方針として公表された。なかでも冒頭の「広く会議を興し万機公論に決すべし」は、自由民権運動側の論拠ともなった。

▼**福沢諭吉**　一八三五〜一九〇一年。明治の啓蒙《けいもう》思想家・教育者。福沢は民権論を主張する一方で、殖産興業・対外進出など国家発展のために「官民調和」すべきであるとしばしば述べていた。

ではなかったであろう。しかし原自身には、福沢流の議論に乗って書いた論説が、はたして日本の実情にとって妥当なものなのか否かという疑念がしだいに湧いてきたようである。このようななかで、原に東北・北海道巡遊の話が舞い込んだ。

地方に目を向けよ

太政官大書記官《だじょうかんだいしょきかん》であった渡辺洪基《わたなべひろもと》▲は、全国を周遊して民情を視察しようと思い立ち、官を辞した。その渡辺と郵便報知新聞社社長小西義敬《こにしぎけい》とは知り合いで、原も取材の関係から面識があったようである。その渡辺から同行しないかという誘いを受けたとき、原は欣然《きんぜん》として快諾した。そして、花房直三郎《はなぶさなおさぶろう》を含めた三人は一八八一(明治十四)年五月二十三日から十月にかけて千葉、茨城、福島、山形、秋田、青森、函館《はこだて》、江差《えさし》、小樽《おたる》、札幌《さっぽろ》、苫小牧《とまこまい》、室蘭《むろらん》、青森、岩手、宮城、福島、栃木(渡辺らとここで別れた)、東京、という順で廻った。原の旅費は新聞社が出し、彼の紀行文を掲載することになった。この一行の団長格が渡辺であっただけに知事・県会議員クラスが接待してくれたので、原も地方

▼**渡辺洪基**　一八四七〜一九〇一年。越前《えちぜん》藩出身、蘭学医から英学を学び、のちに帝国大学総長となる。当時は、集会条例起草者として民権派からは敵視されていた。

名士にあって話を聞く機会が多く、得るところも多かった。

ところで、この一八八一年は明治天皇が第二次東北・北海道巡幸《じゅんこう》を行った年で、七月三十日に東京を出発し、十月十一日帰京している。原の紀行文掲載もこれと関連して東北・北海道を紹介しようというものであったのかもしれない。また、明治十四年政変の発端となった開拓使《かいたくし》官有物《かんゆうぶつ》払下げ事件▲が表面化したのが八月であり、『郵便報知新聞』は反政府派の急先鋒であった。そのため、原の紀行文にも払下げを批判する記事がみえる。

しかし紀行文全体を読むかぎり、原の真意はそれとはまったく関係なく、純粋に微細に民情を知ることにあったようである。売春や賭博に狂奔する地方民をみては嘆き、山形県の男女が着用しているモンペイ▲をみてはその合理性を賞賛し、富豪の家に押し込んで強盗を企てる民権家《みんけんか》気取りの人物を非難したり、山形県の郡役所や学校が王様の宮殿のごとき威容を誇っていることに驚嘆している。

なかでも彼が高い関心をもったのは、殖産興業と官民関係であった。原は各地で行われていた開発や殖産興業の実態について、成功・失敗の原因を詳しく

▼**開拓使官有物払下げ事件**　北海道開発のためにおかれた開拓使には、多くの予算がつぎ込まれたが、その開拓使が廃止されることとなり、薩摩出身の長官黒田清隆は事業継続のために安値で部下に施設の払下げを決めた。それをスクープし批判したのが『郵便報知新聞』であり、リークしたのは大隈重信だと噂《うわさ》された。以後、東京ではこの問題をめぐって不穏な状勢が続く。

▼**モンペイ**　または、もんぺ。現在のズボンをもっとふくらませたような作業衣。昭和の戦争中に、女性がよく着用した。

分析し、紙上でその評価をくだしている。その結果、どんなに立派な文明を導入しても旧《ふる》い藩の縄張《なわば》り意識のため分断されてしまうのでは意味がないので、まず鉄道によって事物の輸送量を増大して旧習を一掃し、そのうえで西洋流の諸技術を導入して殖産興業を起こすべきであるとの結論にいたっている。そして最後は、そのためにはどうしたらよいかという点を列挙して終っている。

　その第一は政府・地方官が考え方を改め、民権を発達させることである。政治意識に芽ばえた責任感の強い国民の登場を待って理想的な国会を樹立しようということは望めないのだから、とりあえず国会を開設する、郡長▲を公選制にする、封建的圧政をひかえる、地方官は自分の府県ばかりではなく周辺地域にも目を配る、財政や海外の情報をもっと公開する、画一制度をやめ地方分権とする、などである。第二は、民への注文である。民権家もしばしば国民を幼稚として下にみているが、自分たちこそ売春業などで儲けている、政治ばかりではなく農業・商業にもっと意をそそがなければ真の民権家とはいえない、などであった。

　当時、「青雲の志」をいだいて上京する若者があとを絶たなかった。もちろん、

▼**郡長**　古代以来の国郡制に由来するが、一八七八(明治十一)年の郡区町村編制法であらたに規定され、郡を行政単位として認め、県知事が任命する郡長のもとに郡役所がおかれた。つまり郡長は藩閥政府の末端にあって町村を監督する立場だったのである。それに対し、郡長を住民の選挙で選出し、郡を住民の自治組織にしようというのが郡長公選論である。

原敬もその一人である。しかし、原は一方で中央の理論闘争の熱気に呑み込まれつつある自分を冷静にながめることもできた。だからこそ、中央の理論闘争からわざわざ距離をおき、日本の実情を足もとからみなおそうと考えたのであろう。

このうえで、彼は次のように述べている。現在の日本は政府と地方議会のあいだで激しい軋轢《あつれき》がある、これは一党派が政府を組織しないからである、したがって国会を開き政治をその党派に運営させるべきであると、まずは明快に政党内閣制を主張する。しかし、また「日本の未来」と題して次のようにも述べている。

日本の未来がどのようになるかわからないが、全国のありさまをみると「共《きょう》和《わ》政治」に陥る危険性をもっている、財産のない者は財産の平等を訴えるなど急進的な政治思想をもって政府を敵視しているし、貴族は恃《たの》むにたらない、したがって、立憲政治を確立してこの禍《わざわい》を未然に防ぐしか方法はない、と。

「共和政治」とは「君主《くんしゅ》政治」に対するものであり、寡頭的《かとうてき》貴族政治から大統領制、議会政治まで含むこともできるだろうが、天皇制の歴史が長い日本ではほとんど国家そのものを否定するような響きをもっていた。このように原は今回の旅行をとおして、このままでは日本は混乱に陥るとし、藩閥政府・民権運動側双方が「情」をもってあゆみより、そのうえで憲法制定・議会開設を実現して政党内閣制をしき、同時に西洋流の文明開化《ぶんめいかいか》・殖産興業を進めて国民に満足をあたえるべきであるという「漸進」的な考えを強めたのであり、それは「世界の大勢」と揆を一にしているという確信を深めたといえよう。ただし、ここでいう「漸進」とは当時の急進主義に対する表現であり、実際には遠い未来(「政党政治」)に向けたおおいなる変革であったことはすでにご覧いただいたとおりである。

しかし、原が政党にはいるにはいまだ時期が早かった。なぜなら、当時の政党は、原からみれば非妥協的で急進的な傾向が強く、原のような官民提携・「漸進」論は通用しそうになかったからである。世界とは揆を一にしても、日本の政治状況とはいまだ懸隔があったのである。このためもう少しのあいだ、原は政党以外に活躍の場を求めなければならなかった。

▼**大隈重信**　一八三八〜一九二二年。佐賀藩出身の政治家。財政方面で早くから頭角をあらわし明治新政府をリードしたが、憲法・議会導入を急ごうとしたため薩長政治家と対立、この明治十四年政変で下野《げや》したのちは、早稲田《わせだ》大学、改進党を創設して民間の側から政治にかかわった。政党人としては、原とライバル関係にあった。

未来を見据えて

原が帰京した一八八一(明治十四)年十月ごろ、東京は騒然としていた。当時大隈重信《おおくましげのぶ》▲は政党内閣制と国会の即時開設を主張し、それを壮士的な民権家たちが熱狂的に支持していたのである。そんななかで、大隈グループが開拓使官有物払下げ事件を新聞で煽り立ててさらに壮士たちを激高させ、その混乱に乗じて薩長有力者を一掃しようと陰謀を企てている、という風評が流れた。実際にそのような陰謀があった訳ではないが、殺気立った空気のなかで、大隈本人も本当に自分が「謀反人《むほんにん》」に仕立て上げられるかもしれないと強く心配したほどであった。原の前述の「共和政治」への恐れとはこのような事態をさしている。結局同月十一日、黒田清隆《くろだきよたか》・伊藤博文《いとうひろぶみ》▲ら薩長藩閥指導者が明治天皇に迫って大隈参議《さんぎ》の罷免《ひめん》と官有物払下げの中止、一〇年後の国会開設、などを発表した。これが明治十四年政変である。

国会開設という点では原も欣喜《きんき》雀躍《じゃくやく》したであろう。しかし、嬉しいことばかりではなかった。政府を追われた大隈派が郵便報知新聞社を買収し、矢野文《やのふみ》雄《お》▲らが幹部として乗り込んできたのである。それまで藤田茂吉に慰撫されて社

▼**伊藤博文**　一八四一～一九〇九年。長州藩出身の政治家。木戸《きど》孝允《たかよし》死去後は井上馨とともに長州系政治家の指導者となる。大日本《だいにほん》帝国憲法《ていこくけんぽう》制定、初代総理大臣、立憲政友会《せいゆうかい》創設など日本憲政史の最大の功労者であった。また、原をはじめ多くの人材を発掘し後継者を育成した。

▼**矢野文雄**　一八五〇～一九三一年。大分佐伯《さえき》藩出身の政治家・ジャーナリスト。慶應義塾で学び郵便報知新聞社に入社、その後官僚となるが、明治十四年政変で大隈とともに下野した。明治後期はもっぱら文筆家として名を馳せた。

にとどまっていた原であったが、急進的な民党色を振りかざす彼らに嫌気がさし、退社することになった。原はいう、もしいまだ国会開設の期日が発表されていなければ自分も退社せず、新聞記者として急進派とともに国会開設を政府に迫っていただろう、しかしすでにそれが決定された現在、自分の素志は達成された、したがって次の自分の仕事は「国体▲に基づき、社会の秩序を重んじて、徐々に開進をはかる」ことである、と。

さきの東北・北海道巡遊で原は急進主義（「共和政治」）が日本の現状にそぐわないことを確信した。急進主義は国家に害をあたえるにすぎない、と考えたのである。実際にこののちの原をみると、たとえば日比谷《ひびや》焼打ち事件や第一次護憲運動の際には民衆が騒擾を起こすことを心配したし、また逆に大逆《たいぎゃく》事件▲のように藩閥政府が強引に思想を統制しようとすることにも極力反対したりと、どちらにしても「情」による政治の安定、社会秩序の維持を重視した。そのうえで殖産興業を軸にした国家・社会の力強い着実な発展をめざしたのである。

こうして一八八二（明治十五）年一月、原は郵便報知新聞社を去った。そんな彼に接近したのが外務卿井上馨《いのうえかおる》▲であった。その仲介をしたのは斎藤修一郎《さいとうしゅういちろう》・

▼国体　原は一貫して、天皇を国家の中心にすえたうえでの政党政治をめざした。

▼大逆事件　一九一〇（明治四十三）年五月二十五日、幸徳秋水《こうとくしゅうすい》らが天皇暗殺の企てに連座したとして逮捕された。この逮捕には強引なものがあったといわれている。

▼井上馨　一八三五〜一九一五年。伊藤博文・山県有朋《やまがたありとも》にならぶ長州藩の維新の元勲《げんくん》の一人。井上は本来伊藤・大隈とともに漸進主義的に憲法を制定しようとした。

▼井上毅　一八四三〜九五年。熊本県出身の官僚。フランスに留学し、このころは参議院議官、内閣書記官長であった。のち、伊藤博文のもとで憲法編纂に従事した。

▼小松原英太郎　一八五二〜一九一九年。岡山県出身の政治家・官僚。明治初年は過激な言論で投獄されたが、一八八〇（明治十三）

年に外務省御用掛となり、しだいに山県有朋系の官僚として出世、文部大臣にも就任する。

▼**福地源一郎**　一八四一〜一九〇六年。桜痴《おうち》と号する。蘭学・英学を学び幕府の使節として渡欧した。維新後は木戸孝允に接近し『東京日日新聞』で活躍する。藩閥系とみられてきたが、最近は知識人として注目されている。

▼**丸山作楽**　一八四〇〜九九年。島原《しまばら》藩出身の文人。尊王攘夷《そんのうじょうい》運動に共鳴し、維新以後は対外膨《たいがいぼう》張《ちょう》論を主張した。大日本帝国憲法制定にもかかわり、後半生は国《こく》粋《すい》主義的な国学者《こくがくしゃ》として活躍した。成城《せいじょう》学校も創設した。

▼**水野寅次郎**　一八五四〜一九〇九年。高知藩出身の新聞人。過激な民権派として投獄されたのち、一八八〇(明治十三)年に民権派と絶縁、内務省御用掛となり、さらに『東京曙《あけぼの》新聞』社長となる。

井上毅《こわし》▲・小松原英太郎《こまつばらえいたろう》▲らであったと思われる。民権派新聞社のなかでも異色な存在であった原に、彼らは以前から目をつけていたのかもしれない。そして、おそらくその紹介で原は福地源一郎《ふくちげんいちろう》▲と面会、その結果、同年三月に大阪の大東《だいとう》日報《にっぽう》社に入社することが決まった。月給八〇円(現在の五八万円)とそれまでにない給与をえたことを、原は日記に誇らしく書いている。

大東日報社は、明らかに藩閥系の新聞社であった。よく知られているように、明治十四年政変ののち、板垣退助《いたがきたいすけ》は自由党を、大隈重信は立憲改進党《りっけんかいしんとう》を結成するが、藩閥政府はそれに対抗する勢力を創りだそうと考えた。そしてその支援を受けた福地源一郎(『東京日日《にちにち》新聞』)・丸山作楽《まるやまさくら》▲(『明治日報』)・水野寅次郎《みずのとらじろう》▲(『東洋新報』)らが三月十八日に立憲帝政党《ていせいとう》を創立した。大阪で『大東日報』を創設し、やはり民権派に対抗しようとしていた西川甫《にしかわはじめ》・羽田《はた》恭輔《きょうすけ》らも帝政党に参加していたと考えられ、原はそのテコ入れに大東日報社に雇われたのであろう。つまり、この時期の原は帝政党の一員として行動していたのである。

しかし、これをもって政党主義者が藩閥の軍門にくだったとみるのは誤りである。帝政党の綱領には「永遠に国体を保持し、民衆の幸福・権利を守り、海

▼再評価　たとえば佐々木隆『日本の近代14　メディアと権力』を参照されたい。

外に日本国の力を扶植して国際的地位を上げることを目的として漸進主義を採り、決して保守主義にも急進主義にも陥らず、常に秩序を維持しながら改進を図る」とあり、それはまさしく原の考えと一致していたし、しかものちの政党内閣首相原敬のそれとも一致しているのである。つまり、時代が原の評価を変えているのである。現在、学界では、けっして「政府御用」ではなかった福地源一郎など非民権派グループの再評価が進んでいるが、それらをとおしてわれわれはもう少し豊かな明治時代像を知ることができるようになると思われる。

さて、こうして原を迎えた『大東日報』は四月四日から日刊紙としてスタートした。そして原は新聞論説を書くと同時に、大阪における帝政党勢力の拡大にもつとめたようである。もし、このまま帝政党が順調に成長し、憲法が制定されて政党内閣が可能となれば、あるいは原は帝政党総裁として最初の政党内閣を組織したかもしれない。しかし残念ながら、それも時代が許さなかった。帝政党の党勢はふるわず、新聞もまったく売れなかったのである。このため、原のような高給とりはしだいに窓際に追いやられ、それを不満として、彼は同年八月、東京に引き上げた。こうして、帝政党「政党内閣」の夢は潰えることとな

井上馨

った。
貴公子として生まれながらも、明治維新に際会し家が没落したあとの原の青春は、流転《るてん》そのものであった。そうしたなかで、彼は逆に秩序と安定と発展をめざす政治思想をみずからのなかに固めていった。しかし、その思想も時代には受け容れられず、原の人生はさらに混乱をきわめ、このように追われる形で東京に舞い戻ってきたのである。

官界を流転

原敬が外務省御用掛《ごようがかり》公信局《こうしんきょく》勤務として、やはり月給八〇円で雇われたのは一八八二(明治十五)年十一月二十一日のことであった。これは井上馨外務卿に見込まれたわけではなく、斎藤修一郎の斡旋であったという。斎藤は福井藩医師の子に生まれ、アメリカのボストン大学に留学、帰国して一八八〇(明治十三)年から外務省書記官をつとめ井上の側近であった。原を大東日報社に推薦したのも斎藤といわれるが、両者の関係はよくわからない。どちらにしても、原は頼まれて外務省にはいったのではなく、みかねた同世代の友人がフランス語翻訳の仕事をさがしだしてくれたのであった。

しかし、この官界においても原の流転はとまらなかった。ただし、今度の流転は出世であった。その軌跡は紙幅の関係もあるので、簡単に列挙するにとどめる。一八八三(明治十六)年七月、太政官御用掛文書局《もんじょきょく》勤務となる。文書局とは以前から藩閥政府内で民権派新聞に対抗し政府の宣伝をするために『官報』を発行しようという計画があり、その準備として同年五月十日に設置されたものである。新聞社勤務の経験のある原に話が来たのも頷けよう。転任後、原はみずから提案して西日本地方への視察を行った。それは東北・北海道巡遊と同じく民情視察が目的であったという。

同年十一月、清《しん》国天津《テンシン》領事に任命された。これは当時、清国とフランスがベトナムをめぐって対立していたことに起因する。一八八四(明治十七)年から翌年にかけて清仏《しんふつ》戦争▲が勃発するが、すでにその兆候がみられ、フランス語に堪能な原の赴任となったのである。天津には清国政府の実力者李鴻章《りこうしょう》▲がおり、原の仕事は榎本武揚《えのもとたけあき》▲公使にかわって李と交渉し、それを榎本公使や本省に連絡することであった。また、この在職中にもう一つ大きな仕事があった。甲申事《こうしんじ》

▼清仏戦争　一八六〇年にフランスはベトナム南部を支配下におさめ、さらに八三年にはベトナムと条約を交わして中部・北部も保護領とした。しかし、清国がそれを認めず一八八三年には実質上戦闘状態にはいっていた。

▼李鴻章　一八二三〜一九〇一年。清朝末期の政治家。一八七〇年以来直隷総督《ちょくれいそうとく》(直隷省の長官)をつとめる。中国のいわゆる洋務《ようむ》運動の中心人物で、天津に居住し外交交渉のほとんどに関与した。

▼榎本武揚　一八三六〜一九〇八年。幕府天文方《てんもんかた》の子として生まれ幕府海軍創設に尽力、戊辰戦争では函館に立てこもる。維新後は外交官として活躍。

▼**甲申事変**　一八八四年十二月、清仏戦争での清の劣勢を受け、朝鮮の親日《しんにち》派《は》独立党金玉均《きんぎょくきん》・朴泳《ぼくえい》孝《こう》らが竹添進一郎《たけぞえしんいちろう》公使らと宮中《きゅうちゅう》クーデタを決行した事件。結局、清軍の介入によって失敗に終る。

▼**天津条約**　一八八五(明治十八)年四月に締結、日清《にっしん》両国の撤兵、今後朝鮮に派兵する場合は事前に通告することなどを決めた。

▼**蜂須賀茂詔**　一八四六〜一九一八年。阿波徳島藩主、官僚政治家。版籍奉還後はイギリスに留学、帰国後は外務省に入省。一八八二(明治十五)年、特命全権公使としてフランスにいく。のちに貴族院議長、枢密《すうみつ》顧問《こもん》官《かん》など要職に就く。

変《へん》である。この跡始末に中国側では李鴻章があたったため天津で交渉が行われることになり、伊藤博文全権大使も同地に来た。そして、原の活躍もあって天津条約が締結されることになったのである。

　清仏戦争、天津条約が一段落した一八八五(明治十八)年五月九日、原はパリ公使館勤務を命じられ、同年十二月二日パリに到着した。当時の駐仏公使蜂須《はちす》賀茂詔《かもちあき》とフランス政府との関係があまりよくなかったため、原がフランス政府との交渉にあたることも多く、その蜂須賀が翌年七月に帰朝したあとは原が代理公使となった。もっとも、この間にとくに大きな問題はなかった。そのため、原の日常は接待(とくに日本からくる要人)や欧州政治情勢の分析に費やされた。ただし、その分析は井上馨や伊藤博文に送られ、両者と原の関係は深まっていった。

　一八八八(明治二十一)年十一月付で原に帰朝命令がだされた。当時の外務大臣は大隈重信であり、パリ大博覧会が開催されるまでもう少し滞在したいという原の願いは聞き届けられなかった。翌年四月、帰国した原はすぐに農商務省参事官に任命された。当時は井上馨が農商務大臣、斎藤修一郎が商務局長をし

在パリ時代の原夫妻　妻貞子《さだこ》は中井《なかい》弘《ひろし》(一八三八〜九四年。豪放で奇行癖のある官僚政治家)の娘。一八八三(明治十六)年、天津領事に就任するに際して、井上馨の斡旋で結婚したといわれる。

首相就任時の原敬一家　一九一八(大正七)年十二月十七日、あさ夫人、養子貢《みつぎ》と。

ており、その関係からであった。同年末の政変▲で井上馨は大臣の椅子から退いたが、後を襲った次官の岩村通俊《いわむらみちとし》▲は原を秘書官に任命した。ただし、病弱であった岩村にかわって省内で権力をふるったのは原ではなく、薩摩閥の次官前田正名《まさな》▲であり、敵視された原は出省してもひねもす新聞に目をとおすくらいであった。前田は一八九〇(明治二十三)年五月に陸奥宗光《むつむねみつ》農商務大臣と衝突し官を辞してからは、地方における殖産興業に尽力することになる。この点、のちに政友会という政党を基盤にして積極政策により地方振興をうながした原とは相互補完の関係になるが、政治的には両者は対立関係にあったのである。

以上のように官界での原は、出世はするもののトップを支える縁の下の力持ちとなるか、拱手傍観《きょうしゅぼうかん》するかという立場であった。どちらにしても、彼の不満はたえることはなかった。しかし、その実力は井上や伊藤に認められつつあった。こうして、やっと彼にも幸運がめぐってきたのである。時に原敬、三四歳であった。

▼**政変**　黒田清隆内閣外相大隈重信は、外国人判事登用を条件に条約改正交渉に臨んだが、十月十八日大隈が反対派に襲撃される事件が起こり、黒田首相は辞職、井上も十二月二十三日辞職した。

▼**岩村通俊**　一八四〇〜一九一五年。高知藩出身の官僚政治家。大久保利通《おおくぼとしみち》や山県有朋に近い官僚としておもに沖縄・北海道など地方行政に活躍。第一次山県内閣で農商務大臣をつとめる。

▼**前田正名**　一八五〇〜一九二一年。薩摩藩出身、大久保利通系の農商務官僚。一八八四(明治十七)年に『興業意見』を執筆、九〇(同二十三)年に官を辞してからは各地を廻って新事業の企画、系統農会運動、「町村是《ちょうそんぜ》」運動に奔走し多大な功績を遺した。

②――「今日主義者」原敬

「獅子身中の虫」――陸奥宗光との出会い

陸奥宗光《むつむねみつ》▲が農商務省に大臣として乗り込んできたのは、一八九〇（明治二十三）年五月であった。それまで駐米公使であった陸奥は、山県有朋《やまがたありとも》▲首相から同年十一月に開設される予定の帝国議会への対策を期待されていた。政府転覆計画に加担したこともある陸奥の起用には明治天皇も難色を示したが、山県首相は後藤象二郎《ごとうしょうじろう》▲ら自由党土佐《とさ》派に近い陸奥の入閣を望み、省内の内紛（原《はら》など井上馨《いのうえかおる》派と前田正名《まえだまさな》派の対立）から辞意を洩らしていた岩村通俊《いわむらみちとし》農商務相の後任にあてたのである。そして陸奥は、それまで仕事らしい仕事をさせてもらえなかった原に省内人事をまかせたうえで、自分を信用しなければ仕方ないが、そうでなければ留任してほしいと原に要請し、他方で前田正名を追放した。原としては、人生ではじめて勝ち馬に乗ったようなものであった。

以後、「剃刀《かみそり》大臣」と綽名《あだな》された陸奥は藩閥《はんばつ》政府内で大活躍する。超然《ちょうぜん》主義▲を掲げる藩閥政府と、民力休養を叫んで対決姿勢を示す自由・改進党《かいしんとう》の民党《みんとう》のあ

▼**陸奥宗光**　一八四四～九七年。幕末は坂本龍馬《さかもとりょうま》とともに活動し、明治政府でも要職に就くが、征韓論《せいかんろん》で下野《げや》し、西南《せいなん》戦争では政府転覆をはかって投獄、出獄後は伊藤博文によって外務省に採用された。

▼**山県有朋**　一八三八～一九二二年。長州藩出身の軍人・政治家。日本陸軍建設の中心人物であり、元帥《げんすい》。一方で政治家としても活躍し、明治二十年代に政党への不信感をもつ各省官僚たちとの関係を深め、いわゆる「山県閥」を形成する。明治後期・大正期では原の最大のライバルとなった。

▼**後藤象二郎**　一八三八～九七年。高知藩出身。幕末は坂本龍馬とともに活躍、大政奉還《たいせいほうかん》に尽力した。維新後も政府高官となったが、明治六（一八七三）年政変で下野、板垣退助《いたがきたいすけ》らと民撰議院設立建白書《みんせんぎいんせつりつけんぱくしょ》を提出し自由民権《じゆうみんけん》運動の旗手となる。このころは、逓信《ていしん》大臣として政府と自由党を仲介した。

いだに妥協点をみいだせない状況で、明治政府の「獅子身中《しししんちゅう》の虫」であった陸奥には、ある意味で思う存分活動する余地があったのである。彼は井上馨とくんで自治党《じちとう》樹立工作を行ったり、また「土佐派の裏切り▲」を演出して、第一回帝国議会を解散なしに終幕させることに成功した。

このうち、本書にとってとくに重要なのは自治党樹立工作である。坂野潤治『明治憲法体制の確立』、佐々木隆『藩閥政府と立憲政治』によれば、一八九〇年には議会を開設しなければならない状況で、井上馨・陸奥宗光・古沢滋《ふるさわしげる》▲らは民党に対抗すべく、政府支持の政党を樹立しようと考えていた。「中等以上の財産家を結合して、町村においては町村自治の中核として独立自治の基礎を固めさせ、中央政治の場では保守党として安定的な政局運営に貢献させる」というのが、その狙いであった。この工作には、当時滋賀県知事であった原の義父中井弘《なかいひろし》▲も関与していた。この動きは議会開設ごろには衰えていたが、第一回衆議院議員選挙(一八九〇年七月一日)で当選した陸奥を中心とする和歌山県選出代議士は、依然としてこの方向をめざしていたのであった。さらに陸奥は、のちに伊藤博文《いとうひろぶみ》と自由党との接近をはかり、それが一九〇〇(明治三十三)年の立《りっ》

▼**超然主義**　藩閥政府が政党勢力とは距離をおき、影響を受けないという意味。しかし、実際に制定された帝国憲法上では予算・立法など議会の承認を必要とするものがあり、事実上は困難であった。

▼**土佐派の裏切り**　陸奥と後藤象二郎がはかり、自由党土佐派が予算案審議の土壇場で政府案支持にまわり、予算案が成立した。

▼**古沢滋**　一八四七〜一九一一年。高知藩士の子として生まれ、維新後にイギリスに留学、民撰議院設立建白書の草案を執筆した。以後も板垣と民権運動に参加するが、自由党解党後は官吏に戻った。

▼**中井弘**　一八三八〜九四年。鹿児島藩出身。幕末の志士から維新政府の官吏となり、一八八四(明治十七)年滋賀県知事となって琵琶湖疏水《びわこそすい》工事に尽力した。奇行の人としても知られる。長女貞子《さだこ》が原敬の妻となった。

憲政友会《けんせいゆうかい》の成立につながることになる。

ところで、すでにみたように、原には政党政治への強い思いもあったが、彼はこの工作にどのようにかかわっていたのであろうか。史料的にいえば、原は陸奥の政党工作にはまったく関与していなかった。ただし、のちに原が伊藤博文や陸奥の「素志」を継承して自分が政党政治の確立に邁進した(『日記』一九一一年一月二十六日)と述べ、また自分こそが伊藤の「正系」(『日記』一九一八年九月二十日)と語っているように、おそらく原は直接関与こそしなかったが、それを間近でみて自分の将来像を設定していたことであろう。

では、この時期、原はなにをしていたかといえば、陸奥大臣の支持のもとで前田正名派を追放したあとの農商務省再建に奔走していた。また議会では、一八九一(明治二十四)年一月三十一日、政府委員である農商務次官石田英吉《いしだえいきち》▲が衆議院で犬養毅《いぬかいつよし》から農商務所管の問題▲で追及され答弁を拒否する事件が起きたが、原は陸奥大臣を督励して政府委員が答弁するもしないも自由であると突っぱねさせた。このように、原は能吏としての才能を思う存分発揮し、同時にそれを楽しんでいたようである。そして、政局に獅子奮迅《ふんじん》の活躍をする陸奥大臣も、

▼**石田英吉**　一八三九〜一九〇一年。高知出身の官僚。戊辰《ぼしん》戦争に参加、維新後は長崎・神奈川・秋田県などの地方官を歴任した。のち、貴族院議員となる。

▼**農商務所管の問題**　製茶業界が輸出振興のために業界を統一して製茶会社をつくろうという案に対し、前田正名が二〇万円の補助金をだしたが、その会社の不備を犬養らが質問した。

省内のことは原に全幅の信頼をよせてまかせ、原もはじめてめぐりあえた信頼できる上司を全力をあげて「幇助《ほうじょ》」(『日記』一九〇九年六月十三日)したのであった。もっとも、実際はそう簡単だったのではなく、次のような有名な逸話もある。二人はよく政策をめぐって議論となったが、その際に原が一歩も引かないので陸奥が怒って「お前はおれの属僚だ」というと、原は「確かにその通りで命令ならば従うが、議論ならば自分の信じる所を述べます」と、あくまで譲らなかったという。

さきほど陸奥を「獅子身中の虫」と評したが、当時の陸奥は「今や薩長閥《さっちょうばつ》の勢力は、明治一〇年頃に比べてもいっそう堅固で、誰をもってしても外から容易に倒すことはできない。それならば、藩閥政府内に入ってその組織に食い込み、彼らに利用されているように装ってじつは逆に彼らを操縦し、果ては駆使して自分の抱負、主義、理想を実行しよう」(渡辺幾治郎『陸奥宗光伝』)と考え、さらに「政界縦断」策として藩閥の一部分と、民党の一部分を分裂させたうえで統合し、一大新勢力を創出しようとしていたという。農商務省での原の活動は、薩摩閥の前田派の追放などまさしく官僚機構の非藩閥化であり、陸奥の「政界縦断」工作の反対側の一翼を担っていたことになる。この意味で、原も「獅子身中の虫」であった。

以後の原の進退は陸奥のそれにともなうものであった。一八九一年五月第一次松方正義《まつかたまさよし》▲内閣が成立し陸奥は留任したが、そののち内閣が民党との対決姿勢を強め選挙干渉事件▲を起こすと、それに不満をもった陸奥は九二(同二十五)年三月辞職、原も辞任した。そして、陸奥が同年八月に第二次伊藤博文内閣で外務大臣として入閣するや、原も外務省通商局長に就任、一八九五(明治二十八)年五月には外務次官にもなるが、陸奥が九六(同二十九)年五月に辞任すると原も辞任した。この間、不平等条約改正・日清《にっしん》戦争・三国《さんごく》干渉と立て続けに大きな外務案件があったことは周知のとおりである。しかし、その陸奥も一八九七(明治三十)年八月、肺患によって没した。のち、原らの働きかけによって外務省内に陸奥の銅像が建立されることになる。

立憲政友会結成

陸奥の死後、原は片岡直輝《かたおかなおてる》・岩下清周《いわしたきよちか》▲ら大阪財界人の勧めで、大阪毎日新聞

▼**松方正義**　一八三五〜一九二四年。薩摩藩出身の官僚政治家・財政家。島津久光《しまづひさみつ》に目をかけられて戊辰戦争で活躍、維新後は殖産興業、財政方面で早くから才能を発揮し、とくに不換紙幣回収・松方デフレ政策は有名。以後、薩摩閥指導者として、また財政元老《げんろう》として大正期まで活躍する。

▼**選挙干渉事件**　一八九二(明治二十五)年第二回衆議院議員総選挙の際に、品川弥二郎《しながわやじろう》内務大臣・白根専一《しらねせんいち》次官の指示のもとで、官憲《かんけん》が暴力的に民党側候補を弾圧し多数の死傷者をだしたといわれる事件。

▼**片岡直輝・岩下清周**　片岡は高知県出身、日本銀行から大阪瓦《ガ》斯《ス》社長となり、以後、関西財界のリーダーとなった。岩下は長野県出身、三井《みつい》から独立して大阪で北《きた》浜《はま》銀行を創立、積極的な貸出しを行った。原とは特別な関係にあったようである。

社▲に入社し、社長の椅子にも就いた。しかし、終生新聞人として暮すつもりもなく、政界に雄飛するときを待っていた。そして、ついに機は熟しつつあった。伊藤博文は一八九二（明治二十五）年一月にみずから政党を組織する意志があることを明治天皇に上奏したが、このときは天皇の賛成がえられず中止した。また自由党・改進党が合同して憲政党《けんせいとう》が出現する一八九八（明治三十一）年六月には、それに対抗して伊藤首相みずから政党を組織することを計画したが、それでは首相が政党総裁となり、あたかも政党内閣のごとくになるという山県有朋らの批判によって取止めとなった。しかし、その志をすてられなかった伊藤は、一八九九年四月、長野市を皮切りに以後一〇カ月にわたって、新政党組織のための演説会を各地で開催した。

これに原も黙っていられなかった。彼は遊説途次の伊藤を訪れ、たびたび会談をもっている。そして、一九〇〇（明治三十三）年一月二十九日には井上馨に対し「伊藤博文をしてその理想とする政党組織を実現させるためには、現在の山県内閣では難しいので、まず貴兄が内閣を組織し、その間に伊藤に新政党を組織させ、その上で伊藤に政権を譲って政党内閣を樹立させるべきである」

▼**大阪毎日新聞社**　原が社長の時代に、大阪毎日は「原君の立案で紙上で各種の投票を募集し低俗な人気を獲得しようとし、それに大阪朝日が抗議したが、原君は目的のためには品位も関係ないと突っ張って大阪朝日を黙らせた」という（品海漁郎「過渡時代の政治家」『日本一』四―一〇）。他方で原は、外交官時代の人脈を活かしての多くの海外通信員の設置、漢字を減らした平易な文体の採用、家庭欄の設置、婦人記者の採用なども行い、この結果、部数は三倍となり、大発展したといわれる。

（『日記』）と説くと、井上も反対しなかったという。井上内閣こそ実現しなかったが、新政党組織は順調に進み、七月二十七日に原は伊藤・西園寺公望《さいおんじきんもち》▲と会談、新党の詳細について話しあうとともに、伊藤内閣が誕生した際には原に閣僚のポストをあたえると約束された。また八月十六日には伊藤から「新政党組織に関する一切の事務を担任」するよう求められた。以後、原は実業家の勧誘方法や政治資金面を中心に奔走した。

こうして八月二十五日には立憲政友会創立委員会を開いて宣言および趣意書を発表、九月十五日に東京・帝国ホテルで結党式を挙行した。この立憲政友会には伊藤総裁のもとに旧自由党系の憲政党を中心に星亨《ほしとおる》▲・松田正久《まつだまさひさ》▲ら一五二人の代議士が集まり、ほかには西園寺・原をはじめ多くの伊藤系官僚も参加した。ただし、伊藤と旧自由党系代議士を結びつけるのにもっとも活躍した伊東《いとう》巳代治《みよじ》▲は参加しなかった。以後、政友会は一九四〇（昭和十五）年に解党するまで、多くの期間で衆議院第一党の地位を占めることになる。

さて、これを受け山県内閣は総辞職して伊藤に政権を譲り、同年十月十九日第四次伊藤内閣が成立した。こうして待ちに待った「政党内閣」が誕生したので

▼西園寺公望　一八四九〜一九四〇年。公家《くげ》出身の政治家。五摂《せっ》家につぐ清華《せいが》の家柄徳大寺《とくだいじ》家に生まれ、のち同じ清華の西園寺家の養子となる。進取の気性に富み、戊辰戦争に参加。パリ留学の後は中江兆民《なかえちょうみん》らと『東洋自由新聞』を刊行。のち、伊藤博文のもとで官僚として出世し、彼を継いで政友会総裁となる。最後の元老。

▼星亨　一八五〇〜一九〇一年。政党政治家。江戸の左官《さかん》屋に生まれ、何礼之《かれいし》・陸奥宗光の知遇をえてイギリスに留学、弁護士資格をえて帰国後、自由党に入党し代議士となる。辣腕で知られ隠然たる力があったが、敵も多かった。

▼松田正久　一八四五〜一九一四年。肥前国《ひぜんのくに》出身の政党政治家。西周《にしあまね》の塾で学び、その推薦でフランスに留学、帰国後は自由民権運動に投じ、『東洋自由新聞』にも加わった。長崎県会議員から自由党衆議院議員となり、以後、自由党

九州派の指導者として伊藤博文との提携に尽力した。政友会では原のよきパートナーであった。

▼**伊東巳代治**　一八五七〜一九三四年。長崎県出身の官僚政治家。伊藤博文にみいだされ、大日本帝国憲法制定に深くかかわった。その後、伊藤と自由党との提携工作の中心人物として活躍したが、本人は政友会には入党せず、以後は枢密顧問官《すうみつこもんかん》として政界の裏面で暗躍、原とは違う道を選択した。

▼**東京市会汚職事件**　十月十五日、島田三郎《しまださぶろう》（憲政本党）の『毎日新聞』が、東京市会で星派の市議たちが水道用鉛管・量水器・汚物掃除請負人指定をめぐって収賄を受けていると暴露、星が直接収賄を受けたわけではないが、責任をとって逓相を辞職した。翌年六月二十一日、市庁舎で仕事をしている最中に彼は剣客伊庭想太郎《いばそうたろう》によって斬殺された。

あるが、原の気持ちはおだやかではなかった。そもそも、原は大阪毎日新聞社の「不偏不党」方針に従って、退社するまでは正式な党員とはならず、内閣発足とともに社を辞して入閣し、同時に政友会総務委員に就任する予定であったが、十月十三日、伊藤総裁から突如、原の入閣を見送ると通告された。これは旧自由党系などからの入閣希望を伊藤が断わり切れず、原のポストがなくなってしまったからであった。原はおおいに不満であったが、もしポストがあけば必ず入閣させること、また真っ先に貴族院勅選議員に推薦することを約束させて、我慢することとした。

　もっとも、入閣の機会は意外に早く訪れた。大阪毎日新聞社を十一月二十二日に退社するころ、逓信大臣星亨が東京市会汚職事件▲に関与したとして告発され、星は内閣維持のために単独辞職、その後任に原が擬せられたのである。こうして同年十二月十九日、原はまず政友会総務委員兼幹事長に指名され、二十二日には逓信大臣に任命された。こうして、政党政治家としての第一歩を踏み出した原であったが、出だしから総裁の優柔不断、党人からのポスト要求など政党の悪しき体質に悩まされなければならなかった。そして、この政党の体質改善こそが、こののちの原にとって重要な仕事になるのであった。

こうして、政治家としてのスタートラインに立った原であるが、ここで時代の状況を確認しておこう。幕末維新《いしん》の名残でそれまで激動を続けてきた日本の社会も、明治三十年前後にいたってようやく落ち着きを取り戻してきた。その要因の第一は、日清戦争▲であった。戦争の原因や是非はともかくも、国家存亡の危機に直面し国民のあいだに国家意識(ナショナリズム)が高まったことはよく知られている。それまで政争を繰り広げてきた藩閥政府と民党も、このときばかりは一致協力したし、民間ジャーナリズムも戦意高揚におおいに貢献した。

もっとも、ここでより重要なことは第二の要因である。すなわち、三〇〇年近くにわたって安定、否《いな》固定されてきた近世村落は開国《かいこく》・維新の混乱、地租改《ちそかい》正《せい》や大区小区制度▲などの制度改革をへて、一八八九(明治二十二)年四月一日に町村制という形で最終的に解体され、おおむね五つくらいの近世村落が合併されて近代町村▲に統合された。簡単にいえば、近世村落では予算規模が小さすぎて、小学校経営など近代的な事業を遂行する能力がなかったからである。しかし、三〇〇年来の慣習をすてさることも容易ではなく、そのために近代町村は

▼**日清戦争**　朝鮮の支配権をめぐって日本と清が争った戦争。一八九四〜九五(明治二十七〜二十八)年。日本の勝利に終わり、台湾・遼東《りょうとう》半島などを割譲されたが、遼東半島は三国干渉で返還することになった。

▼**大区小区制度**　一八七二(明治五)年それまでの地方行政を改め、全国に大区・小区をおいた。小区はそれまでの近世村落をいくつか統合したもので、さらに小区をいくつか統合して大区をおいた。一八七八(明治十一)年に郡区町村編制法で廃止された。

▼**近代町村**　村落数を厳密に数えるのはむずかしいが、町村制施行以前には約七万あった市町村が施行後には約一万六〇〇〇となった。二〇〇九(平成二十一)年十月一日現在では一七七三市町村。

内部に深刻な対立をかかえることになった。藩閥対民党という対立も、このような下部の対立を背景にもっていたのである。しかしその対立も、この時期になって沈静化しつつあった。いわば「政治の季節」が終り、国民の関心は、しだいに殖産興業《しょくさんこうぎょう》に移行しはじめたのである。そして、地方社会も若く貧しい「壮士」から地方有力者層、換言すれば地方名望家▲を中心とする体制に再編成されていったのである。

政治家原敬は、まさしくこのような状況下で出発した。それまで激しい制度変革が求められた時代のなかで、逆境にあった原の秩序と安定と発展をめざす政治思想は、やっと時代に適合しはじめたのである。

積極主義と政党改良

立憲政友会誕生後、政治史でいえば桂園《けいえん》時代▲へと突入する。長州《ちょうしゅう》出身の桂《かつら》太郎《たろう》▲陸軍大将と、公家《くげ》出身であった西園寺公望政友会総裁が交互に政権を担当した時期で、いわば明治前・中期の藩閥内閣から大正中期の原敬政党内閣への過渡期であった。政友会からみれば、桂内閣期ではその与党となり、西園寺総

▼地方名望家　江戸時代以来の名主《なぬし》・庄屋《しょうや》はもちろんだが、武士身分から地方社会にはいった者、維新の激動の際に成り上がった者などが、農地を所有しつつ近代産業にも手をそめて、地方社会の中心的存在になった層といえる。

▼桂園時代　字義からいえば、桂と西園寺が交互に政権を担当した時期をさすが、日露戦争後から寺《てら》内正毅《うちまさたけ》内閣までをさすこともある。

▼桂太郎　一八四七〜一九一三年。長州藩出身の軍人・政治家。戊辰戦争に参加、維新後はドイツへ留学しドイツ式軍制を学ぶ。帰国後は山県有朋のもとで参謀本部創設、ドイツ式軍制採用などに尽力し、一八九八(明治三十一)年陸軍大臣に就任、さらに一九〇一(同三十四)年には首相となった。

西園寺公望

▼山本権兵衛　一八五二～一九三三年。薩摩藩出身の海軍軍人。原が不合格となった海軍兵学寮《へいがくりょう》を卒業し、以後は海軍軍人として順調に出世し、若くして海軍の中心人物となった。日露戦争では桂太郎とともに政府の中心人物として活躍した。第一次山本内閣は軍部《ぐんぶ》大臣《だいじん》現役《げんえき》武《ぶ》官制《かんせい》廃止など革新的な政策を行ったが、ジーメンス事件で倒れた。

▼欧米漫遊　とくにアメリカの印象が原にとって重要であり、以後、彼はアメリカを理想視するようになった。

裁が首相の時期には政友会員を中心にしながらも山県閥や薩摩《さつま》閥の官僚系政治家を入閣させた。そのため、超然主義内閣でも政党内閣でもない内閣が継続することになった。そのなかで原敬は、第一次西園寺内閣内務大臣（一九〇六年一月～〇八年七月）、第二次西園寺内閣内務大臣（一九一一年八月～一二年十二月）、第一次山本権兵衛《やまもとごんべえ》▲内閣内務大臣（一九一三年二月～一四年四月）と三度も内務大臣に就任した。また、欧米漫遊▲（一九〇八年八月～〇九年二月）した時期もあったが、その他の時期は政友会の指導者としてつねに第一線で活躍した。その一つひとつにふれていると紙幅がたりないので、ここでは政策面と政友会の指導について、その特徴だけを拾っていこう。

原敬の政策論は積極主義という一語で表現できる。「日本は開国以来、すべての点においていわゆる開国進取の方針を採用し今日の盛運に達したのであり、これこそが積極政策である。しかし、政友会が鉄道の建設・改良、港湾の改良・修築など積極政策をすれば、一部の人間はそれを党利党略と非難する。だが、これらは結果として国力の発展、国民の福利の増進につながっている。もしこの積極主義を批判し、鉄道の延長もしない、港湾の修築改良もしないとなれば、国家の発展は不可能となり、由々しき結果が生じるであろう」(『全集下』八〇二ページ)と、原が力強く主張していることからわかるように、ここに登場した鉄道・港湾のほか、学校・病院・道路など近代的施設を積極的に建設し、その結果として国力の発展、国民の福利増進をはかるのが積極主義ということになる。つまり、これはけっして党利党略のための政策ではなく、一つの思想というべきであろう。福沢諭吉《ふくざわゆきち》の「文明論」のように、西洋文明の普及が国民に福利と平和をもたらし、それを支援する政党が世論の支持をえて政権を担当することこそ、人類の最大幸福と考えたのである。

もっとも積極主義といえば、戦後の自民党政治、とくに田中角栄《たなかかくえい》▲首相時代の列島改造論を想起される方も多いだろう。たしかにそのとおりである。したがって、このような政策の第一の問題点は財源であった。このような公共事業をしようとすれば、結局は内外債や増税に頼らざるをえないが、その結果として諸施設が完成し産業発展をうながしても、それが税収の増大に結びつくには相当の時間を要する。また、多くのムダな投資が生まれる可能性だって否定することはできない。このため、大蔵省などの健全財政志向の官庁や、減税を主張

▼**田中角栄**　一九一八〜九三年。新潟県出身の政治家。中央工学校卒業後、いくつかの職業をへて建築事務所を開設、戦後は新潟県から代議士に出馬し当選、その後自民党に入党し活躍した。当初は佐《さ》藤栄作《とうえいさく》のもとで働いたが、佐藤首相の後継者をめぐって福田赳夫《ふくだたけお》と争い、全国に新幹線・高速道路など交通網を積極的に建設しようという「日本列島改造論」で人気を集め、首相の座に就いた。

▼高橋是清　一八五四〜一九三六年。仙台藩士《せんだいはんし》の子として育つ。数奇な運命をたどりつつも、銀行家・財政家として頭角をあらわし、桂園内閣時代は日本銀行の有力者であった。日露戦争の際に外債獲得に成功し、日露戦後も外債導入を支持して原と意見が合致した。

するジャーナリズムから、原は強い非難をあび続けた。そんな原を助けたのが高橋是清《たかはしこれきよ》▲であった。

第二の問題点は、はたして建設されるべき施設が地域的にも、規模的にも妥当なものなのか否か、つまりその地域に施設をつくるから次回選挙ではわが党に投票してほしいと約束するなど、党利党略となってしまって平等性・公共性が確保できるかという点であった。しかし、この点こそ原がもっとも注意をした点であった。『原敬日記』には、しばしばこの種の陳情がなされる場面が登場するが、原が断固として拒絶する場合が多かった。

このような積極主義によって原がめざしたものは、まず第一に国民が均しく文明の恩恵に浴することであり（国民の福利増進）、第二にはその文明を利用して国民が各地で殖産興業に励み、その結果として国力が発展することであった。つまり、地方の発展が国家の発展と同義なのが原の政策の特徴であった。この点で積極主義は、国家の発展＝対外膨張《たいがいぼうちょう》とされた日清・日露《にちろ》戦争期はあまり顧みられることはなかったが、日露戦後の経済力が重視される時代には適合的な政策であったといえる。

もっとも、日露戦争▲が内外への借金によってまかなわれた戦争であったため、戦後の財政は非常に逼迫したものであった。そのため、積極主義はいつも政治争点化せざるをえず、思うとおりに実現したわけではなかった。しかし逆にいえば、成功するか否かは別として、原はつねに積極主義を提示して政局をリードしており、この意味で原は政界の一大中心点におどりでたということができよう。

つぎに原の政友会指導について。さきに述べたように成立当初の政友会では、総裁伊藤博文は殿様のように振る舞って党を私物化し、伊藤系官僚政治家はポスト伊藤総裁をめぐって対立し、旧自由党から参加した代議士は政権のおこぼれにあずかろうと個人プレイに走る者が多かったといわれる。今も同じであるが、多数の集団を、外からのさまざまな誘惑を排して一致団結させることは至難の業《わざ》である。とくに、大日本帝国憲法《だいにほんていこくけんぽう》▲のもとでは立場が安定していない議会は、反対党のみならず官僚・軍部勢力などからゆさぶりをかけられた。そのなかで、原は西園寺総裁時代はフランス学を身につけた西園寺・原・松田正久のトロイカ体制を、原総裁時代はほとんど独裁体制を築いて党を指導し、同時に

▼**日露戦争**　一九〇四〜〇五(明治三十七〜三十八)年に日本とロシアが、満州《まんしゅう》・朝鮮半島の支配権をめぐって起こした戦争。ロシアという大国を相手に戦争するために日本は、アメリカやイギリスから一〇億円を超える借金をした。当時の国家予算は七億円であった。

▼**大日本帝国憲法**　現在の日本国憲法が、国民主権→議員選出→議院内閣制という上下関係を明確にしているのに対し、一八八九(明治二十二)年に発布された大日本帝国憲法では、天皇のもとに議会・軍部・枢密院・裁判所などが並列的に配置される構造であり、議会さえおさえれば政局が安定するというわけではなかった。

防衛に奔走しなければならなかった。では、どのように指導したのか。

まず、壮士的な体質を一掃することにつとめた。自由民権運動期には大活躍した壮士であるが、原からみれば彼らはいたずらに過激な政治的意見を吐いて軽挙妄動し、他方ですぐにカネにころぶ存在であった。原が重視したのは地方名望家たちであった。地方の発展を心より念願する温厚で柔和な紳士である。

このような紳士たちは、いわゆる「陣笠《じんがさ》代議士▲」となるが、この言葉はこの時代にできたものであり、しかもおもしろいことにプラスイメージで使われていたという。そして、そのような彼らを原は北海道東北・関東・東海・北信・近畿・中国・四国・九州の八ブロックに分属させ、「軍隊」と評されるほど総裁のもとで一糸乱れぬ規律ある行動を要請した。原は東京芝公園《しばこうえん》にある政友会本部のすぐかたわらに家を借り、毎日来訪する多数の党員に丁寧に応接したといわれる。しかも、彼らの選挙区の事情にも精通していたという。この点でも田中角栄と近いのかもしれない。

他方で幹部候補生の補充にもおこたりなかった。民間出身の代議士のなかでも野田卯太郎《のだうたろう》▲や横田千之助《よこたせんのすけ》▲のように交渉能力、政策立案能力のある人物には目

▼**陣笠代議士**　陣笠とは、身分の低い武士がかぶった戦いのときの笠で、転じて地位・身分の低い者を意味する。陣笠代議士とは、党幹部の言葉に唯々諾々《いいだくだく》として従う一般代議士をさす。

▼**野田卯太郎**　一八五三〜一九二七年。福岡県出身の政党政治家。農民の子として生まれ、自由民権運動に参加するとともに地元三池《みいけ》で石炭・土木・紡績事業を行い、三井財閥《ざいばつ》との関係を深める。井上馨に勧められて自由党代議士となり、以後は西園寺・原総裁のもとで山県有朋ら官僚政治家との連絡にあたった。

▼**横田千之助**　一八七〇〜一九二五年。栃木県出身の政党政治家。星亨の書生《しょせい》となって弁護士となり、星死去後も旧自由党関東派人脈を引き継いで幹部となった。実行力に優れ革新的な性格であった。また、山県閥政治家と原の連絡役でもあった。

をかけて登庸し、また床次竹二郎《とこなみたけじろう》▲・高橋是清・山本達雄《やまもとたつお》▲ら官僚出身者を入党させいきなり上級幹部にすえるなど優遇した。原総裁期は、総裁がこの上級幹部を統御し、彼らが総裁の意向に従って陣笠代議士たちを指導する形であった。党員が、外部勢力から個別にカネをもらうことも原は非常にきらった。当時、所属議員の会合・飲食費やその他さまざまな党運営にかかわる費用は総裁が捻出するのが一般的であった。さらに大正期にはいると、選挙資金も総裁の大きな負担となった。

このように総裁にはカネが必要であり、またそれゆえに権力も強かったのであるが、原の場合▲、残念ながらいまだこの点について十分に判明していない。しかし、原に豊富な資金があったことは事実のようで、原はそれを使って党員の離反を防いでいたのである。

「情意投合」

次に外部政治勢力との関係をみてみよう。日露戦争最中の一九〇四(明治三十七)年十二月八日、原は時の総理桂太郎と以下のような会話を交わしている。

▼床次竹二郎　一八六六〜一九三五年。鹿児島県出身の内務官僚・政党政治家。帝国大学法科大学を卒業して官僚の道にはいり、原内相のもとで活躍する。一九一三(大正二)年第一次山本内閣が成立し、床次は鉄道院総裁となるが、このころ政友会に入党した。原は彼の進歩的で優れた政策立案能力を評価していた。

▼山本達雄　一八五六〜一九四七年。臼杵《うすき》藩出身の財政家・政党政治家。慶應義塾《けいおうぎじゅく》に学び三菱《みつびし》に入社、日本銀行総裁・日本勧業銀行総裁をつとめる。高橋是清とならんで当時は日本を代表する財政家・金融家であった。ただし、高橋が積極財政を志向したのに対し、山本は健全財政志向であった。

▼原の場合　原の政治資金の出所として、古河《ふるかわ》財閥・三井財閥・筑豊炭坑《ちくほうたんこう》経営者・鴻池《こうのいけ》財閥・大阪財界などがあげられている。

▼**憲政本党**　大隈重信が創設した立憲改進党はその後、進歩党《しんぽとう》、憲政本党（一八九八年）、立憲国民《こくみん》党（一九一〇年）、立憲同志会《どうしかい》（一九一三年）、憲政会《けんせいかい》（一九一六年）、立憲民政党《みんせいとう》（一九二七年）と変遷していく。

桂「今後は政友会を信頼して政局を進行するよりほかに道はない。憲政本党《けんせいほんとう》▲と連携することはできない。明日政友会・憲政本党両党の幹部と交渉するが、政府は断乎として政友会の案に従うことにしたい。その上で政・憲二党の間が離間しても、政府としては決して政友会側の面目を失うようなことはしない」。

原「我々政友会から政府に何等求める所はない。金銭は勿論のことである。その他一切何の条件もつけない。要するに政府の決心次第で、政府の決心が一尺ならば政友会もまた一尺、政府一丈ならば我々も一丈という関係を保つだけである。……要するに政府と政友会の意思が合わなければ、ともに政局を運命することは不可能である。政府の決心は如何なものなのか。露骨にいえば、連立政権を樹立してともに政治の局に当たるというのも一つの方法である。また、政府が政友会の意見を容れて政友会も政府の意見を容れると宣言するという程度に止まるのも一つの方法である。また、懇親会を開くというのも一法であろう。結局政府の意思はどの程度なのか」。

桂「日露戦争が終了し、もし自分がこのまま首相の座にとどまったならば、

鎌倉の別荘腰越荘の書斎　現在は，原敬記念館に移築・復元されている。

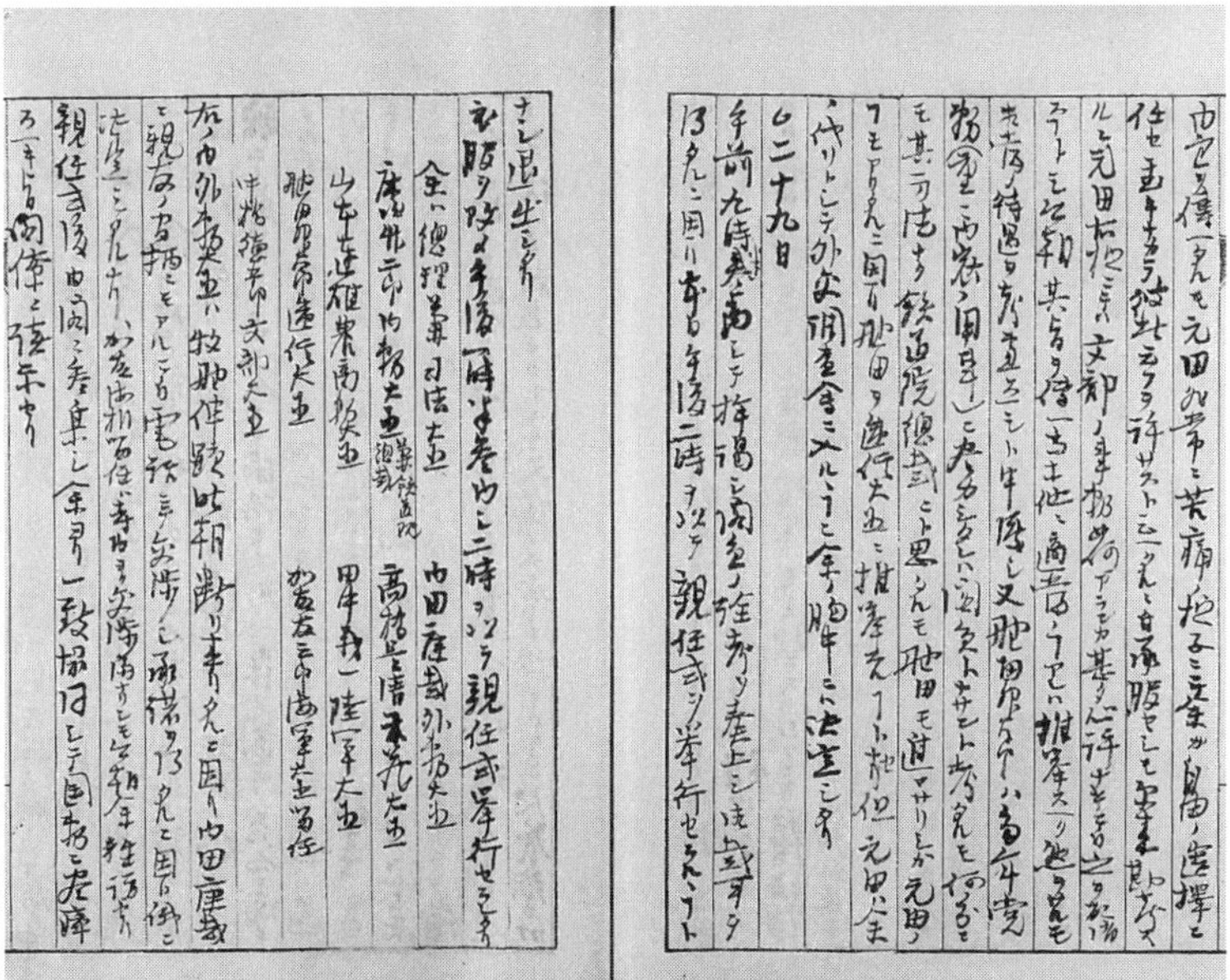

「原敬日記」　近代日本政治史上，最高傑作の日記。その場その場でメモをとり，それをもとに週末に神奈川県鎌倉腰越《かまくらこしごえ》の別荘で丹念に執筆した。死後数十年で公開することを予定していた。

諸君と相談の上で連立内閣を組織するだろう。またもし、自分が此職を退くことになったならば、かつてしばしば述べたように政友会総裁西園寺を総理に推薦する決心である」。

原「貴兄の意は十分に了解した。我々の方に政府に対して何かを求める意思はないので、そのように思っているのであればそれで結構である。ついては二つの要望がある。……もし君が内閣を去って西園寺に政権を譲っても、すぐに内閣反対の地位に立ったりせず、また十分に西園寺内閣を助けてほしい」。

桂「もっとものことである」。(『日記』)

結果的にみれば、日露戦後の政局はこの会見のとおり進むことになった。一九〇五(明治三十八)年九月五日、日本は大国ロシアとの戦争に勝ち、ポーツマス条約が締結されたが、このとき賠償金を獲得できなかったことで日本国民の多くは怒り、有名な日比谷《ひびや》焼打ち事件▲が発生する。そのなかで一人政友会は政府案を支持した。そして、約束どおり同年末に桂内閣は総辞職し、翌年早々に西園寺内閣が成立したのである。桂は、新年度予算・鉄道国有化▲など西園寺内

▼**日比谷焼打ち事件**　同日、東京日比谷公園で講和条約締結反対集会が開催され、政府系新聞社・交番などが焼打ちされた。翌日以降も各都市に飛び火し、戒厳令《かいげんれい》が施行される事態となった。

▼**鉄道国有化**　一九〇六(明治三十九)年鉄道国有法を公布し、四億八〇〇〇万円を投じて私鉄一七社の鉄道を国有化した。この結果、総延長は四五〇〇キロとなり、一挙に三倍となった。

閣によって実行された政策は自分がお膳立てしたものであると述べているが、たしかに両者は密接な関係にあった。

両者が相互に意見をいれると宣言し、懇親会を開くという案が実現したのは一九一一(明治四十四)年一月二十九日であった。当時の首相桂は築地精養軒《つきじせいようけん》に▲政友会代議士二〇〇人近くを招待し午餐会《ごさんかい》を開いた。席上、桂は「維新以来四十四年国家も思想も非常に変化し、今や新たな時代を迎えるにあたって朝野を問わず協力すべき時代に入った。政友会は穏健なる政見によって国家に貢献する所大であり、私も大いに期待している。その政策、方針においては私と揆を一にしている。今後は情意投合して憲政の美果を収めるようにしたい」と述べた。つまり、政友会を国家運営の重要なメンバーと認め、同時に自分のパートナーとして賞賛したのである。しかも、桂はこのことを明治天皇にも奏上し、天皇も「ご満悦で安心」であったという。

もちろん、原もこの「情意投合」宣言を「我憲政史に一新紀元」を開くものとして、彼の長大な日記のなかでももっとも高い賛辞をあたえている。原がはじめて官・民の融和・提携を主張したのは一八八〇(明治十三)年「官民相対《あいたい》するの道

▼**築地精養軒**　東京築地は一八九九(明治三十二)年まで外国人居留地であったが、そこに西洋料理店とホテルをかねて建てられたのが築地精養軒であった。建てたのは岩倉具視《いわくらともみ》側近の北村重威《きたむらしげたか》であった。以後、西洋料理のメッカとして有名となり、政財界の会合に利用された。一九二三(大正十二)年の関東大震災《かんとうだいしんさい》で焼失した。

を論ず」であったが、その三〇年来の宿願がやっと果たせたことを考えれば、それも頷けよう。

もう一例をあげよう。第一次護憲《ごけん》運動のときのことである。一九一二(明治四十五＝大正元)年十二月、第二次西園寺内閣は陸軍の二個師団《しだん》増設要求▲を拒否、それを不満とした陸軍大臣上原勇作《うえはらゆうさく》▲は天皇に直訴《じきそ》したうえで辞表を提出、結局、責任をとって内閣は総辞職▲した。そして、これを契機に第一次護憲運動が巻き起こった。運動は全国各地での護憲集会となり、つぎに成立した第三次桂内閣に対して猛烈な抗議行動を展開、ついには群衆が国会を取り巻いて桂内閣を倒▲すという事態にいたったのである。

こうしてみると、本来ならば政友会こそ護憲運動の主役になるべきであったが、実際の主役は非政友会系の勢力であった。なぜならば、原が政友会の行動にブレーキをかけていたからである。最終的には政友会も護憲運動に参加し、原もそれを認めたが、それは原の望んだことではなかったのである。

原は次のように述べている。日本の立憲政治の端緒を開いたのは伊藤博文であり、陸奥宗光であったが、両者ともなくなり、今やこの事業を遂行できるの

▼**二個師団増設要求**　一九一一(明治四十四)年、中国で辛亥革命《しんがいかくめい》が勃発し、中国状勢が流動化した。この事態に対し、陸軍は朝鮮半島における軍事力を強化するため二個の師団増設を要求したのであった。

▼**上原勇作**　一八五六〜一九三三年。宮崎県都城《みやこのじょう》出身の陸軍軍人。長州系が強い陸軍のなかにあって、薩摩系の上原は一九一二(明治四十五)年にやっと陸軍大臣に就任することができた。辞職後、彼は長らく参謀総長をつとめ、昭和期のいわゆる陸軍皇道派《こうどうは》に連なる人脈を築いた。

▼**総辞職**　「大正政変《たいしょうせいへん》」とか「西園寺内閣毒殺事件」などと評された。当時、軍部大臣に就任できるのは現役武官に限定されていたが、一般には、その陸軍幹部が共同ボイコットしたため陸相がえられずに内閣は倒れたといわれるが、実

は自分をおいてほかにいない、とすれば、世間の近視眼者が自分を藩閥に近い「妥協政治家」と非難しようと、自分は将来の政党政治による安定した政治運営という目標をめざして邁進するしかない、と(『日記』一九一一年一月二十六日)。

「今日主義者」

しかし、藩閥・軍閥《ぐんばつ》勢力と対決することを避けてもっぱら妥協を旨とし、他方で一糸乱れぬ形で公共土木事業にむらがろうとする原政友会の姿は、たしかに「世間の近視眼者」的視点からみれば、新鮮みやおもしろみのないものであった。そのため、この時期の原への世間の評価は惨憺たるものであった。否、原が死去するまでそうであった。

原批判の急先鋒で当時第一流の政治評論家鵜崎鷺城《うざきろじょう》▲は「機略、権謀術数というマキャベリズムの面からみれば、原は決して凡庸な人間ではないが、彼には政治的信念はない。私利を離れて国家に尽くすという高尚な野心もない。内治、外交、財政という大枠についても、彼はいまだかつて自分の抱負を表明したことはない」(『日本《にほん》及《および》日本人《にほんじん》』一九一四年七月)と原の「白紙《はくし》主義」を批判した。この

際には西園寺の政権維持の意欲が薄れたためであった。

▼**桂内閣を倒す**　民衆が国会を取り巻いて内閣を倒すという方法で内閣が倒れた。尾崎行雄《おざきゆきお》が「玉座《ぎょくざ》の影に隠れ、詔勅《しょうちょく》を弾丸として敵を攻撃する」という有名な国会演説を行ったのはこのときである。

▼**鵜崎鷺城**　一八七三〜一九三四年。ジャーナリスト・政治評論家で、人物評論にひいでていた。『薩の海軍、長の陸軍』『朝野の五大閥』などの著作がある。彼は犬養毅に師事していた。

点では、前田蓮山《まえだれんざん》も同じであった。「原は理想に乏しい。国家百年の大計などというのは彼には『痴人の夢』でしかない。しかし、今日この場での計画という点ではさまざまな奇策、妙計がたちどころに浮かび、その実行においても遺漏なく電光石火に実現する」(『太陽』一九一四年六月十五日)として、原を「今日《こんにち》主義者」と評した。

そして、両者ともに原の対極に犬養毅を措定した。原が今日の行動の結果をみて明日を考えようとするのに対し、犬養は明日のことを今日実現しようとする「理想主義」▲者である、と。このような言説は、明治末から大正期にかけて広く流布し、この結果、犬養の場合は、政治家としてだけでなく清貧な道徳者としても青年層に高い人気を誇ったのである。

さて、ここで少し気にかかるのは、のちに原の大賛美者となる前田蓮山でさえ「今日主義」としかみていなかったということである。原は、前述のように他方でおおいなる理想をもっており、賛美者であればそれをなによりも重視したであろうはずなのに、そのような言葉はみあたらない。筆者には、それは原と時代があまりに合致しすぎていたためではなかったかと思われる。

犬養毅

▼**「理想主義」**　ちなみに、当時の言論界では大隈重信・後藤新平《ごとうしんぺい》らがこの「理想主義」者のグループにはいり、加藤高明《かとうたかあき》は「今日主義」者のグループであった。

日露戦後、積極主義といい立憲政治といい力強く前進を始め、大きな潮流となって日本全国を覆いつくすようになった。そのため、原のやることなすことはすべてその潮流に乗って進んでいく。それは原の意図よりは遅いペースだったかもしれないが、客観的にみて「漸進」と呼ぶにはあまりに早いスピードで、なおかつ安定的・秩序的であった。この時期、中央政府はいうにおよばず地方自治体も、住民の同意をえて道路・河川・港湾・鉄道など公共事業を五カ年あるいは一〇カ年と長期的計画を立てて進めていた。それらは頓挫することもあったが、全体としてゆるむこともなかった。

したがって、この潮流の向かうべき方向に原も異存はなかったであろう。だからこそ、彼は「白紙主義」でもかまわなかったし、今日の行動の結果から明日の姿も確実に予測でき、そこにはとくに不安もなかったから「今日主義」で十分だったのである。時代と人物という点からいえば、明治末から大正初期の桂園時代こそ原の絶頂期であったといえよう。このようななかで第一次世界大戦が勃発した。それは原にとって短期的にはプラスであり、長期的にはマイナスであったが、とりあえずここで章を改めることにしよう。

③—分水嶺に立ちて

原と山県有朋

一九一四(大正三)年七月二十八日、皇位継承者を暗殺されたオーストリアはセルビアに宣戦布告した。同盟関係にあったロシア・ドイツ・イギリス・フランスもつぎつぎと参戦して第一次世界大戦が勃発、日本政府(当時は第二次大隈《おおくま》重信《しげのぶ》内閣、外相は加藤高明《かとうたかあき》▲で政友会《せいゆうかい》は野党)も対独最後通牒《さいごつうちょう》▲を発し、それが受け容れられないとみるや八月二十三日、参戦した。その後アメリカ・中国も加わり、最終的には一九一八(大正七)年十一月十一日、連合国側の勝利で幕を閉じた。

死者一〇〇〇万人を超える空前の大戦争が残した傷跡は実に大きなものであり、国際社会はこれを契機に大きく変動するのであるが、日本にとっては対岸の火事という面が強く、原にしても当初の関心は中国をめぐる国際的経済競争にあった。すなわち、日露戦《にちろせん》後、日本は中国市場▲をめぐって欧米諸国と争ってきた、その欧米諸国が中国から撤退した現在は日本に有利となったが、もし第一次世界大戦が終了したあかつきには、勝った国も負けた国も国力を回復する

▼**加藤高明**　一八六〇〜一九二六年。名古屋藩出身の外交官・政治家。東京大学法学部を首席で卒業し三菱《みつびし》に入社、岩崎《いわさき》家の娘と結婚する。以後、外交官・政党政治家と原と同じ道をあゆむが、最終的には憲政会総裁としてライバルとなった。原が「平民」的であったのに対し、加藤は「貴族」的と評された。

▼**対独最後通牒**　日英同盟の条文からいえば、日本に参戦する義務はなかったが、イギリスとの友誼を名義としてドイツに中国青島《チンタオ》からの撤退を要求した。しかし、それが受け入れられないと宣戦布告した。この参戦外交をリードしたのは加藤高明外相であり、原や山県有朋は消極的であった。

ために、必死になってふたたび中国市場に殺到するであろう、したがって日本は戦争中に戦後のこの経済競争に備える準備をし、遅れをとらないようにすべきである、また二十一カ条要求▲問題で日本はアメリカ・中国からはなはだしい不信を買ってしまった、この修復をはかるべきである、と。つまり戦争の勝敗などは眼中になく、もっぱら戦後の日本の国際的・経済的立場を問題にしていたのである。

興味深いことに、山県有朋《やまがたありとも》もこの点で同じ感想を共有していた。彼は大戦後には白人国家が連合して中国市場に押しよせてくるであろうから、有色人種である日本と中国は戦争中から提携すべきであり、二十一カ条要求にみられる対中強硬外交はもってのほかである、と主張した。こうして、政党内閣主義者原敬と、軍閥《ぐんばつ》・藩閥《はんばつ》の総師であり強硬な反政党主義者の山県有朋が接近したのである。このころ、原は山県を首相にしようとも考えていた。歴史に残る両者の有名な会談は、一九一六(大正五)年十一月十一日に行われた。

原「宗教も教育もなにもかも政府が放任しているため、国家にとっては危険である。したがって自分は戦後経営の名義の下にすべての面で、明治維新《いしん》

▼中国市場　日露戦後、日本は満州《まんしゅう》地域を勢力圏にいれ、さらに中国への経済進出を企図したが、資本力で劣る日本は欧米諸国に対し劣勢であった。二十一カ条要求はその劣勢を政治的に打開しようとするものであった。

▼二十一カ条要求　一九一五(大正四)年、中国からドイツ勢力を駆逐した日本は、中国に対し旧ドイツ領青島の権益の継承、南満州地域での権益延長、漢冶萍《かんやひょう》公司《コンス》の日中合弁(鉄鉱石の安定的供給)などを要求し、一部を除いて軍事力を背景に承認させた。中国国内ではこれを契機に排外運動・民族運動が強まり、日中関係が悪化した。

の際に文明開化の名で一切の革新をしたのと同様の変革を断行すべきであると考える」。

山県「極めて同感である。自分は君と論旨が一致しないものはない。ただ一点のみ不満がある。それは君が多数の代議士を集め、その力で政治を行おうとすることである」。

原「自分の目的は多数を背景とした政権獲得そのものではなく、伊藤博文《いとうひろぶみ》と同じく政党改良の上での政治運営である。政党の改良は、圧倒的過半数▲を集めてこそ実行可能である。そして、政党の改良は政党自身の手で行うしかない」。

山県「それは確かに一理ある」。（『日記』）

さらに、両者を接近させる事件が起きた。米騒動《こめそうどう》▲（カバー表写真参照）である。一九一八年七～八月に全国の都市部で、米価高騰が原因で売り惜しみをしていると思われた米屋が襲撃されるという暴動があいついだ。前年にロシア革命▲が起きたことを考えれば、この事件をみて山県ら官僚側が動揺したのも当然であった。こうして、原敬政党内閣は実現に向かって大きく近づいたのである。

▼圧倒的過半数　原によれば、圧倒的過半数ならば外部の勢力による勧誘によって少しくらいの脱党者はあっても気にする必要はなく、したがって党員に対して思い切った統制が可能となり、その結果カネやポストでころばない穏健で国家に貢献できる立派な議員を養成できるというのであった。

▼米騒動　富山県の漁師の主婦たちが立ち上がったことがきっかけとなり、全国に広まった。それを『大阪朝日新聞』は「白虹日を貫けり」（白い虹が太陽に架かるという意味で、革命が起こる前兆と考えられた）と表現した。

▼ロシア革命　一九一七年、帝政ロシアが倒れ、レーニン率いる共産党勢力（ボリシェヴィキ）が政権を奪取、人類史上はじめて社会主義政権が誕生した。これは世界中に衝撃をあたえ、単なる弾圧では左翼運動に抗しきれないと各国政府も考えるようになった。

三党首会談　1916(大正５)年５月24日，フィクサー三浦梧楼《みうらごろう》邸で加藤高明(左端，立憲同志会)・犬養毅(右端，立憲国民党)といわゆる三党首会談を行う。

原敬総裁と立憲政友会幹部たち　1919(大正８)年１月19日撮影。右より原敬，野田卯太郎《のだうたろう》，高橋是清，元田肇《もとだはじめ》，中橋徳五郎。

しかし、ことはそう簡単にも進まなかった。山県はいまだ絶対多数による政治への不安をもっており、寺内正毅《てらうちまさたけ》▲内閣総辞職ののち彼が最初に首相に推薦▲したのは西園寺公望《さいおんじきんもち》▲であった。山県のこの行動に対して原のとった行動も露骨であった。彼はまず西園寺に会見し絶対に引き受けないよう念を押し、さらに西園寺をして山県に、もし原に政権を渡さず他の官僚政治家を推薦すれば、自分は加藤高明憲政会《けんせいかい》総裁とくんで護憲《ごけん》運動を起こすだろう、と脅迫させた。それを恐れた山県が西園寺に「原は本当に憲政会と提携するだろうか」と話すと、西園寺は「早く原に渡せばその心配はない」(『日記』一九一八年九月二十五日)と答えた。こうして、万策つきた山県はついに原を後継首相に推薦、九月二十九日、歴史に残る政党内閣が成立したのである。

普通選挙法案をめぐって

原内閣はたしかに日本憲政史における金字塔であり、原の長年の努力の結晶であった。そして、政友会はわが世の春を謳歌した。しかし、当時の世論にはむしろ冷たいものがあった。しかも、その冷たさは従来のものと違っていた。

▼**寺内正毅**　一八五二〜一九一九年。長州藩《ちょうしゅうはん》出身の陸軍軍人。山県有朋・桂太郎《かつらたろう》の長州陸軍閥の後継者と目され、一九一六(大正五)年に首相に就任した。原政友会は同内閣に対し、純粋な与党ではなかったが、協力的姿勢をとった。

▼**推薦**　大日本帝国憲法《だいにほんていこくけんぽう》下では天皇が首相を任命することになるが、実際は天皇から元老《げんろう》に諮問し、それに元老が奏薦《そうせん》したのを受けて天皇がその人物に大命《たいめい》を降下《こうか》した。当時、元老は数人いたが、山県が圧倒的な発言力をもっていた。

▼**西園寺公望**　西園寺は一九一三(大正二)年に政友会総裁を退いたのちはしばらく静養していたが、元老として活動するようになった。山県の西園寺内閣論は西園寺ならば、桂園《けいえん》時代の西園寺内閣のように、絶対過半数を背景にした政治はしないだろうという点にあった。

時代の潮流に乗っていたときの原に対する批判は、「白紙《はくし》主義」「今日《こんにち》主義」という観点からなされたが、この時期には旧式保守的な独裁政治家というレッテルが貼られるようになった。たとえば、有馬学氏によれば、当時の若手政治家のあいだで共通の敵と認識されていたのは原敬であり、それは若手の目標が政策・理想を堂々と振りかざして対立する二大政党制であったのに対し、原の「白紙主義」「今日主義」はその対極に位置するものであり、「政治を腐敗堕落させた元凶」だったからである。

原にこのような悪者イメージをあたえた最大の要因は、彼が普通選挙法案に反対したことにあった。この普選《ふせん》論こそ、第一次世界大戦期における世界の思想の変化をもっとも端的にあらわしている。欧州諸国は戦争を遂行する過程で、民間の力を動員するために対価として民間の発言権も認めることになり、それは女性を含めた普選の実現▲となっていた。そして、この運動はまたたくまに日本にも伝播し大きな運動となったのである。

もちろん、普選運動自体は明治期から普通選挙期成同盟会▲などを中心に行われてきたが、それが幅広い基盤をもつようになったのは一九一九(大正八)年か

山県有朋

▼**普選の実現**　一八七〇年、アメリカで初の男子普通選挙が実現した。そして第一次世界大戦中の一九一八年、イギリスでも男子普通選挙が実現し、二〇年にはアメリカで女性に参政権が認められた。

▼**普通選挙期成同盟会**　一八九七(明治三十)年、中村《なかむら》太八郎《たはちろう》らによって長野県松本《まつもと》に組織され、東京にも進出し議会請願や啓蒙《けいもう》活動を行った。実際に、衆議院では議案を通過させることに成功したが、貴族院《きぞくいん》で握りつぶされると運動は停滞した。一九一八年、再興され、普選運動の中心となった。

らであった。その運動には友愛会《ゆうあいかい》▲などの労働組合や東京の大学生の団体、さらに日比谷《ひびや》焼打ち事件以来活発となった一般市民も加わった。そして、加藤高明の憲政会、犬養《いぬかい》毅《つよし》率いる立憲国民党もついに普選支持を表明し、一九二〇(大正九)年二月に両党から普選案が衆議院に上程されたころ、東京は普選支持者による大デモ行進でごった返していた。

実は一九一九年三月に原内閣はすでに納税資格三円▲・小選挙区制▲を骨子とする衆議院議員選挙法改正案を成立させていた。このうち、とくに重要なのは小選挙区制度である。現在でこそ、この制度は、政党に対する投票率の差以上に議席数の差となってあらわれるとして、マスコミでの評判はかんばしいものではないが、そもそも小選挙区制度が投票率の差以上に議席数の差となるということ自体、明治期では必ずしも自明のことではなかった。投票率の差以上に議席数の差となってあらわれるには、全国の選挙区が均質化した状態であることが前提条件となる。そうではなく逆に、全国的にみれば少数だが一部限定地域では多数であるという勢力にとっては、小選挙区制度のほうが議席の獲得は容易となり、結果として少数勢力の発言権の確保につながろう。

▼**友愛会**　一九一二(大正元)年に鈴木文治《すずきぶんじ》ら一五人によって結成されたが、第一次世界大戦中からさまざまな労働争議と関係をもつようになり、組織を拡大していった。一九一九(大正八)年に大日本労働総同盟友愛会、二一年には日本労働総同盟と改称した。

▼**納税資格三円**　それまでの一〇円から三円に引き下げることによって、選挙人は約二・二倍に増加し、全国民の六％ほどになった。当時の三円は現在でいえば四三〇〇円ほどである。

▼**小選挙区制**　この点については、小松浩「イギリスにおける小選挙区制論の史的展開」を参照されたい。

しかも、このときの原はすでにみたように、圧倒的多数をえるという明確な意思をもって小選挙区制度を採用した。その背景は、みずからがこれまで推し進めてきた積極主義によって、文明が全国に均霑《きんてん》し地域の均質化が進んだという強い自負があったと思われる。この点は後述するとして、原は小選挙区制度によって圧倒的多数を獲得し、その力で藩閥・官僚勢力と対決しようと考えていた。原のこの予測は正しいものであり、野党側もそれを認めていた。だからこそ、普選運動側は解散総選挙に持ち込むのではなく、第一次護憲運動のときのように、群衆が国会を取り巻き騒擾によって普選を実現しようとした。

一九二〇年二月十一日、そのピークを迎えた。上野《うえの》公園・芝《しば》公園に集まった群衆は昼過ぎからデモ行進を始め、やがて日比谷公園に集結して野外音楽堂で演説会を始めた。ここで志気を高めた彼らはさらに皇居から、政友会本部のある芝公園に向かい、原総裁に直接談判しようと本部建物に押しかけた。それを察知してか、原は事前に鎌倉《かまくら》の別荘に避難していた。原は日記に「新聞は参加者を五万人とか一〇万人とか称しているが、実際には五千人ほどであったそうだ。この運動は一向に熱意がなく、ただ新聞がおおげさに吹聴しているに過ぎ

雑誌『大観』(一九二一年十二月号)の原敬評　「原白頭宰相の赤裸々観―インテリゲンチャの観たる―」と題した諸氏の原評は、現実主義者原への批判に満ちている。

65　――原白頭宰相の赤裸々観――

原白頭宰相の赤裸々観

―インテリゲンチャの観たる―

原敬氏が最近四年間の舞臺で特殊的怪光を示した政治的手腕の冴は、善悪の評を一切抜きにしても、猶ほ一個輪廓の大きい政治家として自己を國民の腦裏に印象するに足りる。併し固より見る人の心々ではあるが、其是非善悪の話となつたら如何であらうか。一般黨人の評は聴かぬ前から知れて居るとして、茲に比較的公平な民心の歸嚮を知るべく、何等利害關係の伴はぬ我インテリゲンチャの人々の高見を叩いて収録する事にした。謹んで御快答を賜はつた三十七氏に謝する。

○實際は官僚以上の傍若無人

早大教授　吉田絃二郎

頭のはつきりした人、腕のあつた人であると思ひます。何處までも自分の意志を貫き通して行かうとする力は今日の政界、他に類のない人であつたやうです。いかにも男らしい政治家でありました。しかし惜しいことには時代を知りませんでした。同黨の爲めを思ふ念は非常に深かつたやうですが、民衆あることを忘れてゐました。形式は政黨的でありましたが、實際は官僚以上の傍若無人の態度を持してゐました。若し百年以前に生まれてゐたら立派な政治家であつたでせうが、今日の

普選大懇親会当日に警官と群衆が衝突　1920(大正９)年２月11日，普選実現をめざして群衆は示威行動を起こしたが，原は断固としてそれを拒否した。

ない」と記している。ここには、みずからが築いてきた政友会という盤石の組織が、非組織的で突発的な運動によって、簡単に動揺するはずがないという強がりが感じられる。

しかし、原はこの思想の変化をけっして無視していたわけではなかった。原は次のようにも述べている。「この変化は世界的であって日本だけが影響を受けないということはありえないだろう。しかし、日本には鉄のごとき国民性が存在する。鉄は堅いが、鍛錬され形を変えることもできる。鉄と同じように、日本も旧来の思想の上に外来の進歩思想を調和させていかなければならない」（「新日本を旧日本の上に」『全集上』）と、両者の「調和」を強調した。だからこそ、原にいわせれば一足飛びではなく、納税資格をまず一〇円から三円に引き下げたように、徐々に普選に向かうべきなのである、と。

もっとも、実際の政治闘争の場になれば、おのずから態度も変化し、引き下がらないのも原の特徴であった。結局、野党提出の普選法案審議中に突如として衆議院の解散を断行した。通常、野党は内閣不信任案を提出して内閣を追及するが、解散を恐れていた野党側は群衆の騒擾を背景にした普選法案通過を願っており、解散はそれを打ちくだくものであった。そして、それに続く選挙戦では、彼は「調和」ではなく徹底したイデオロギー闘争▲を挑み「対決」を強調した。すなわち、普選論の背後には、現在の政治を有産階級のものと規定し、それを打破して無産階級による政治を実現しようとする共産主義思想が存在する、したがって普選論を支持する憲政会も国民党も、結局は共産主義を容認しているのと同じである、と原はいうのであった。

結果として、原政友会は四六四議席中二七八議席と圧勝した。この一九一九〜二〇年は労働争議・小作《こさく》争議が一挙に吹き荒れた時期であった。そのなかで原のいうごとく共産主義思想が蔓延するかもしれないという危惧をいだいた人間も多かったのであろう。また、選挙戦真っ最中の三月十五日に株価が暴落して戦後恐慌《せんごきょうこう》が始まり、のちの昭和恐慌▲へと続く長期不況が幕をあけた。そのため、普選のような政治問題に国民の関心はしばらく弱まっていった。これらが原にとって追い風となったが、とにかく選挙に圧勝したということは、彼の長年の努力が評価されたこと、そしてイデオロギー「対決」で勝利したことを意味した。

▼イデオロギー闘争　この点については、金原左門『大正期の政党と国民』、玉井清『原敬と立憲政友会』を参照されたい。

▼昭和恐慌　一九二九(昭和四)年十一月に世界恐慌がおこり、さらに日本では、金輸出《きんゆしゅつ》を再開したことも重なって、三〇・三一(同五・六)年は大きな不況に襲われた。株価・農産物価格は下落し、会社は倒産して失業者が増大した。これを昭和恐慌というが、実はこの戦後恐慌から慢性的な不況《ふきょう》状態が続いていた。

しかし「対決」の強調は、他方で「新日本」的思想と「旧日本」的思想の亀裂の深まりにつながったことも事実であった。野党や労働者・少壮政治家など反対派からの原非難は前述のようにいっそう強まり、原が本来志向した「調和」論は、いつのまにか後景に退いてしまったのである。

積極主義のゆくえ

日露戦争時に発行した国債の利払いなどで、原の思いどおりには進まなかった積極主義であるが、第一次世界大戦によって輸出が急増し貿易収支が好転、また税収も拡大して財政状況が大幅に改善されたため、原内閣成立のころは積極主義にとって最高の状態であった。そこで原内閣は、鉄道・道路・港湾など交通機関の拡充整備、大学・高等専門学校など高等教育機関の増設▲、八・八艦隊▲など軍事力の充実、産業発展のための諸施策▲、を四大政綱と称して政策の目玉とした。以下、その展開を鉄道を例にみてみよう。

一八七二(明治五)年十月十四日、新橋《しんばし》・横浜《よこはま》間の開通を嚆矢《こうし》として、日本の鉄道は始まった。以後、各地で鉄道熱が生じ、自由民権《じゆうみんけん》運動期も初期議会期も、

▼高等教育機関の増設　工業・商業など専門学校二九校、医学専門学校五校の増設、東京高等商業学校(一橋《ひとつばし》大学)の大学昇格など中《なか》橋徳《はしとく》五郎《ごろう》文相のもとで決まった。

▼八・八艦隊　それまでは戦艦八隻・巡洋戦艦六隻の八・六艦隊をめざしていたが、世界の軍拡にあわせ日本海軍の主力艦を八・八艦隊にしようという案。

▼産業発展のための諸施策　一九一九(大正八)年、原内閣は臨時財政経済調査会を発足させ、各種産業の発展の方法を諮問した。その答申にそって企業の合同、補助金・奨励金交付、関税引上げなどの政策を行った。

民間には鉄道建設要求の声があふれていた。そして実際に、政府・民間の手でつぎつぎと鉄道は建設されていった。その結果、観光・通勤・商売・交際で人の移動は繁くなったばかりでなく、中央から地方へ文明的商品をもたらされ、地方の物産は中央に、そして海外へ運びだされ、人びとはその恩恵に浴し経済的にも豊かになったのである。

ところで、一九〇六（明治三十九）年に鉄道国有法▲が公布され、全国の幹線鉄道が政府によって建設されることが決まって以来、その建設は鉄道敷設法▲に従って着々と実現してきた。そして、原内閣期はその転換期にあたっていた。すなわち、従来の鉄道敷設法で敷設が決まっていた路線がほぼ完成したことをうけ、一九二二（大正十一）年四月十一日に原内閣は鉄道敷設法を改正し、従来の鉄道路線距離に匹敵する一四九路線のあらたな建設を決定したのである。成沢光氏はこの路線決定について、それまで「毎議会に、建議・請願の形で地方民の鉄道敷設要求が多数出されていたのに対し、これをほぼ網羅的に盛り込んだ路線計画」とし、「実際には地方鉄道も多く、幹線鉄道を中心とするという国有鉄道法の趣旨から外れていた」と述べている。こうしてこの大計画は、このの

▼**鉄道国有法**　政府は以前から軍事的観点、および分割による非効率性などの理由から、全国の主要幹線を国有化したいという希望をもっていたが、三菱財閥《ざいばつ》など民間会社の同意をえることはできなかった。

▼**鉄道敷設法**　一八九二（明治二十五）年公布。これによって急を要する路線から順番に敷設されることになったが、実際は技術上あるいは鉄道速成を求める地方民の陳情など政治上の要請からしばしば改正された。

ち数十年を費やして実現されることになった。

この計画には反対論も存在した。その一つは、財源は公債または借入金となるが、償還の目途があるのかというものであった。第二はそのように国庫負担となる以上は国家全体にとって有用なものでなければならず、特定の地方のみの利益だけであってはならないというものである。しかし、衆議院における圧倒的多数と、貴族院《きぞくいん》▲の支持によって議会を通過した。

もう一つの原の鉄道網拡張論に対する有力な批判として、後藤新平《ごとうしんぺい》▲らが主張する広軌《こうき》鉄道論があった。これは東京・大阪間など産業的・軍事的枢要地を線路幅の広い広軌鉄道で結び、高速・大量の移動を可能にしようというものである。原が文明の全国民への均霑《きんてん》という発想であったのに対し、後藤の場合はこのように局地的な、しかし国家戦略的な観点から広軌案を主張したのであった。しかし、これも原によって否定された。

以上から、原内閣の政策がそれまでの鉄道建設（広くいえば交通機関の整備）の集大成であり、またあらたな積極主義の起点であったことがわかろう。そして同時に、原内閣が日本近代史上でいかに重要な内閣であったかという点も理解

▼**貴族院**　貴族院は有爵者《ゆうしゃくしゃ》互選議員・勅選《ちょくせん》議員らからなる。そして、有爵議員のうち子爵《ししゃく》議員がもっとも数的に多く、その子爵議員によって構成される研究会が貴族院の最大会派であった。政友会はこの研究会と提携し「政界縦断」に成功した。

▼**後藤新平**　一八五七〜一九二九年。原と同じく岩手県出身の官僚系政治家。衛生・鉄道・植民《しょくみん》などで多彩な才能をもつ技術官僚であり、アイディアマンとして有名であった。原は後藤を政友会に入党させようと働きかけたが、後藤はついに承諾しなかった。

原敬内閣の諷刺画（池部鈞《ひとし》画）
当時も政治とカネで苦労したようすがわかる。

できよう。その一方でわれわれは、こうして建設された地方鉄道路線のうちいくつかはすでに消滅してしまったこと、狭軌《きょうき》鉄道にかわって広軌の新幹線網や有料高速道路網・飛行場など局地的だが国家戦略的な建設が盛んになったこと（現在では全国的に広まったが）、そして財源のうえからそれらの建設が必ずしも国民全体の支持をえているわけではないことなどの点から、原のこのような施策に対し、当時から現在にいたるまで議論の余地があることも知っている。もちろん、原内閣以前からもこの種の批判はあったが、批判の程度は随分と軽かった。

つまり、日本の社会そのものが原内閣のころから質的に変化したといえる。たとえば、それまでは国家発展のため「臥薪嘗胆《がしんしょうたん》」してきた国民も、この時期には米騒動のように物価騰貴から暴動が起こるようになり、国民生活・国民福祉が政治の重要課題となった。それまで地方の均霑を重視していればよかったが、このころからは経済・文化的に賑わう都市と、恐慌にあえぐ農村の格差が問題化した。それまで労働者・小作人は権力で弾圧することができたが、争議の多発にみられるように力による弾圧では限界がみえてきたのである。

前述したように、原もこれらの点はよく理解しており、この時代を「過渡期」ととらえ、まずはその世界的動静を十分にみきわめ、そのうえで円満に従来の日本社会と「調和」して、さらなる発展を期そうと主張した。渡辺治氏は原内閣期から体制安定のために内務省が弾圧から緩和へ転換したことを示したが、当時の有力政治家のなかで従来からもっともこの点を強調してきたのも原であった。

以上のように、世界史的レベルでの大きな転換点に立って原は「調和」をめざした。「世界の大勢」を読み、それを安定的、着実に実現することこそ原の生来《せいらい》の持論であり、時間さえあれば可能であったかもしれない。しかし、性急なインテリ層を十分に納得させることはできず、むしろ総選挙の際のように、「対決」的姿勢を強調してしまう結果となり、選挙には勝っても言論界の原批判はとどまるところを知らなかったのである。

戦後国際秩序と原内閣

一九一九(大正八)年一月十八日、パリ・ベルサイユ宮殿で第一次世界大戦の講和会議が開催された。世界の首脳が一堂に会したこの会議は、新しい国際秩序を創造しようという高い理想と、他方で各国の現実的利害がぶつかりあう激しい応酬の場となり、やっと講和条約が結ばれて終幕したのは六月二十八日であった。世界注視のこの会議に、原は首相としてどのような態度で臨んだのであろうか。

米ウッドロー・ウィルソン▲大統領、英ロイド＝ジョージ▲首相、仏ジョルジュ・クレマンソー▲首相ら主要メンバーが一致してもっとも重視したのが国際連《こくさいれん》盟《めい》の創設▲であった。人類長年の夢である世界平和を自分たちの手で実現しようとする彼らは、以前から連絡を取りあい合意していた。しかし、その最大の障害が日本であると彼らは考えていた。なぜならば二十一カ条要求など第一次世界大戦中の行動で、日本はすっかり軍国主義的イメージをもたれてしまっていたからである。このことは日本側も十分に承知していた。日本の全権は西園寺公望・牧野伸顕《まきののぶあき》▲であり、ともに原の強い希望で任命された。その出発前に牧野と原ら閣僚が会談し、講和会議に臨む態度を決めたが、それは⑴これ以上外国から猜疑心《さいぎしん》をもたれないように注意する、⑵国際連盟論はけっして「空言」では

▼ウィルソン　一八五六〜一九二四年。アメリカ第二十四代大統領。政治学者でプリンストン大学学長であった彼は、第一次世界大戦中に「十四カ条の平和原則」を発表し、世界に衝撃をあたえた。そのなかに国際平和機構の設立があった。

▼ロイド＝ジョージ　一八六三〜一九四五年。イギリスの首相。弁護士から自由党下院議員となり大蔵大臣に就任。一九一七年にアスキスにかわって首相となり、軍事も指導した。

▼クレマンソー　一八四一〜一九二九年。フランス首相。若いときは社会主義者であったが、のちに帝国主義者となる。一九一七年ポアンカレ大統領の要請で首相の座に就き、戦争継続を強く訴えた。

▼国際連盟の創設　十七世紀前半の三十年戦争以来、欧州では戦争を繰り返しつつも他方で恒久平和を望む動きがあり、国際機関に

ない状勢なので日本としては「主義上の賛成」をするべし、というものであった(『日記』一九一八年十二月八日)。この文言からわかるように、国際連盟には一定の賛意を表しつつも、全面的に賛成するものではなかった。

その理由は次のようなものである。当時国家の数▲はいまだ少なく、しかもその大半はヨーロッパの白人国家であった、したがって、もし今後さまざまな国際的重要案件が国際連盟の場で決定されるとすれば、それはどうしても白人国家に有利で、有色人国家には不利なものとなるであろう、と。前述の山県有朋の第一次世界大戦後の予想を想起していただければ、このような認識があらわれるのも理解できよう。

そこで、日本国内では国際連盟を認めるかわりに、人種差別撤廃案▲を連盟の規約に盛り込むべきであるという意見が浮上した。このような意見は前年から民間で巻き起こり、しだいに国民運動として盛り上がり、日本側代表もそれを会議の場で提案した。つまり、世界平和という崇高な理念をもつ国際連盟案に対し、その背後にはナショナリズムをしのばせながら、日本もやはり人類平等という崇高な理念をもちだしたのである。たしかに、日本のこの主張は欧米の

よる平和の維持が叫ばれていた。詳しくは塩崎弘明『国際新秩序を求めて』を参照されたい。

▼**牧野伸顕**　一八六一〜一九四九年。大久保《おおくぼ》利通《としみち》の次男。岩倉使節団に随行するなど、早くから薩《さつ》摩《ま》系《けい》官僚政治家として活躍する。他方で、伊藤博文にも引き立てられ、原や西園寺と親しかった。

▼**国家の数**　国際連盟に加盟した国家は四二、そのほか中国・アメリカ・ソ連などの非加盟国があり、おおよそ五〇カ国であった。

▼**人種差別撤廃案**　この一つの契機になったのは近衛《このえ》文麿《ふみまろ》「英米本位の平和主義を排す」(『日本《にほん》 及《および》日本人《にほんじん》』一九一八年十一月)であった。それによれば、英米などすでに多くの土地をもっている国は平和による現状維持を望むだろうが、それではこれから発展しようとする日本のような有色人国家は不利である、というものであった。

弱点をつき、反論を許さないものがあった。しかし、それだけにますます日本の野心に対する猜疑心を増幅させる結果ともなったのであった。

原もこの点を読みあやまっていた。彼の思惑は「おそらく人種差別撤廃案は欧米の反対で到底採択されないだろう。しかし、それを理由に連盟から脱退するほどの大きな問題でもない。たとえ採択されなくとも、現状より悪くなることはなく、とりあえず今回は体面が保たれればよい」(『日記』一九一九年三月三十日)というものであった。そして原の予想どおり、連盟規約には人種差別撤廃案は挿入されない形で採択された。しかし、結果的には「現状より悪」いイメージをあたえることになってしまったのである。

原がかかわったもう一つ大きな国際会議にワシントン会議(一九二一年十一月〜二二年二月)がある。海軍軍縮条約・九カ国条約・四カ国条約▲が締結されたこの会議は、実際には原の死後に開催されたものであるが、原の最後の大事業でもあるのでここでふれておこう。イギリス・アメリカから、東アジアの国際秩序や海軍軍縮に関して国際会議を開催したいという申し入れがあったのは一九二一(大正十)年七月であった。当初、原は、両国の意図をみきわめられず慎重

▼条約　海軍軍縮条約は米・英・日の海軍主力艦の保有量を五・五・三と定め、九カ国条約は中国における門戸開放・機会均等・領土保全、四カ国条約は日米英仏のあいだで太平洋の現状維持をそれぞれ定めた。

▼日本と中国のあいだの問題　中国政府は、アメリカの介入によって二十一カ条要求の無効や、青島の返還を実現しようと考えていた。

な態度をとっていたが、日本と中国のあいだの問題▲にはふれないという条件のもとで参加することを決めた。「今回の会議をもって国難とか、危急存亡《ききゅうそんぼう》の時などと叫び狼狽《ろうばい》している者もいる。たしかに重大な会議であるが、それでは冷静さを欠いており大騒ぎすべきではない」と、原は考えたのである。

日露戦争以後、アメリカ資本が中国に進出するようになると、日本とアメリカのあいだで敵対する場面▲がふえた。その結果、アメリカは日本の中国に対する軍事的野心を警戒し、日本には日本の満蒙特殊権益《まんもうとくしゅけんえき》をおびやかすアメリカを敵視する空気が生まれ、日米《にちべい》戦争勃発がまことしやかに取り沙汰されるようになった。そして日本国内には、このワシントン会議も米・英による日本への圧迫の場ととらえる見方が有力だったのである。さきほどの原の発言には、このような背景があった。

他方、アメリカ側も国際連盟に加盟しなかったことへの反省もあって、太平洋地域での安全保障には非常に積極的であった。このように各国首脳が「冷静」であったため、会議のための予備的交渉は順調に進み、日本側の代表として徳《とく》川家達《がわいえさと》▲・加藤友三郎《かとうともさぶろう》▲が派遣されることになった。ところで『原敬日記』には正式

▼敵対する場面　日露戦争直後、アメリカの鉄道王ハリマンが来日し、日本政府に日米共同の出資による満州・韓国での鉄道経営を申し込んできたが、最終的に日本は断わった。以後、満州の市場開放を主張するアメリカと、特殊権益擁護を主張する日本は対立することが多かった。

▼徳川家達　一八六三〜一九四〇年。徳川田安家当主《たやすけとうしゅ》。明治維新後は徳川宗家《そうけ》を継承した。英国留学の経験もある。一九〇三(明治三十六)年貴族院議長となり、三三(昭和八)年まで在職した。

▼加藤友三郎　一八六一〜一九二三年。広島県出身の海軍軍人。海軍兵学校《へいがっこう》・海軍大学校《だいがっこう》を卒業、日清《にっしん》・日露戦争で勲功をあげ、海軍次官・海軍大臣と順調に出世した。国際感覚もあり、海軍軍縮でも協力的であった。

代表団とは別に、もう一つの代表団の話に多くのスペースが割かれている。それは実業家視察団の件であった。

一九二一年七月十八日、日米協会渋沢栄一《しぶさわえいいち》▲・金子堅太郎《かねこけんたろう》▲が原を訪問し、ワシントン会議に際し政府代表団以外に有力者をアメリカに派遣して日本の宣伝をさせてはどうかと話し、原も「至極同感」と答えている。この案は戦後の欧米実業の実態を視察しようという案ともあいまって、会議開催時期にあわせて渋沢・団琢磨《だんたくま》▲を中心にした英米視察団を派遣するということになった。これに対し原は、一つには彼らが渡米して親日的な空気を醸成し、会議の交渉の場でもサポートしてもらうこと、そしてもう一つは産業面ばかりでなく労働・社会面も視察してもらい将来の政策決定に活用することを期待して、全面的なバックアップを約束した。こうして結成された派遣団は総勢五〇人の英語が堪能な有力実業家たちであり、十月十三日、日本を出発した。「このような有力な団体の海外行きは初めてである」(『日記』九月二十一日)と、あたかも岩倉使節団《いわくらしせつだん》▲に匹敵するごとく記していることからも、原の期待の大きさがわかろう。

ちなみに、視察団の趣旨に賛成し自分の息子を参加させた安川敬一郎《やすかわけいいちろう》▲も「中

▼**渋沢栄一**　一八四〇〜一九三一年。埼玉県出身の明治時代を代表する実業家。第一国立《だいいちこくりつ》銀行を基盤に、さまざまな業界の指導者として日本の資本主義発展に寄与した。明治後期以降は国民外交の重要性を訴えて実業家同士の国際交流を実践した。

▼**金子堅太郎**　一八五三〜一九四二年。福岡県出身の官僚政治家。伊藤博文の側近として大日本帝国憲法制定にかかわった。ハーバード大学ロースクールを卒業、とくにセオドア・ローズベルト大統領との交流は有名。枢密顧問官《すうみつこもんかん》。

▼**団琢磨**　一八五八〜一九三二年。福岡県出身の三井系《みついけい》実業家。アメリカで鉱山技術を学び、帰国後は三池炭鉱《みいけたんこう》で活躍、それが認められて三井合名《ごうめい》理事長となる。

▼**岩倉使節団**　一八七一(明治四)年から七三(同六)年にかけ岩倉具視《ともみ》を団長として欧米に派遣した大型の使節団。大久保利通・木《き》

国で事業をしようとしても、現在では英・米と提携しなければ不可能である。そのためには英・米の実業家の対日猜疑心を解かなければならない。それには今度のワシントン会議は絶好の機会である」(「安川敬一郎日記」一九二一年九月二十二日、北九州市立いのちのたび博物館所蔵)と感じていた。

原が、第一次世界大戦後に列国が協調して中国に投資しようという新四国《しんしこく》借款団《しゃっかんだん》▲構想に熱心であったことはよく知られている。この実業家視察団もその構想の延長線上にあったといえよう。ただし、安川も「このような使節団によって即効があるとは思われないが、将来の雄飛の契機になればよい」と述べているように、時間を必要とした。しかし、原が暗殺されたのは、会議が始まる八日前の一九二一年十一月四日のことであった。

原の遺書

原の死は突然に訪れた。彼はワシントン会議と摂政《せっしょう》問題▲が一段落したころを見計らって辞職するつもりであったが、それは政治に行き詰まったからというのではなかった。おそらく、在野にあって「調和」策を練り、ふたたび首相の

戸《ど》孝允《たかよし》なども同行。欧米の文明・文化にふれたことによって、その後の日本の進路に大きな影響をあたえた。

▼**安川敬一郎**　一八四九～一九三四年。九州筑豊《ちくほう》の大炭坑主。二十一カ条要求のなかにもあった漢冶萍公司の鉄鉱石を利用して製鉄事業にも参入しようとした。息子とは松本健次郎《まつもとけんじろう》のこと。

▼**新四国借款団**　一九二〇(大正九)年、日・米・英・仏は満州地域も含め中国への政治的・経済的借款は四カ国共同のこの新四国借款団をとおして行うことを決めた。

▼**摂政問題**　大正天皇の体調がよくないので、皇太子裕仁《ひろひと》を摂政にして政務を代行させようという案で、山県有朋や牧野伸顕宮内大臣らと進めており、原の死後の一九二一(大正十)年十一月二十五日に実現した。

座に就くことを想定していたにちがいない。

暗殺者は中岡艮一《なかおかこんいち》、一八歳の青年であった。享年六五歳。警視庁も不穏な情報を察知して護衛をつけようとしたが、原は「いくら護衛を付けても、やられる時はやられるよ」といって断わったという。犯人の背後関係についていろいろ憶測▲もあるが、ここではふれない。すでにみたように、原内閣の内政・外交は世界的変化に対して受け身となり、そのため「調和」を重んじ時間をかけて解決することをめざしたこと、しかし内閣の姿勢はともすれば「対決」的となり、それがジャーナリズムによるいっそう激しい原批判を生んだこと、にもかかわらず原内閣が総辞職するようすは外界には一向に感じられなかったこと。敢えていえば、これらがこの悲劇の背景にあったということになろう。

原は死の九カ月前に遺書を書いている。その遺書は平民宰相《へいみんさいしょう》の面目躍如たるものであった。

・位階《いかい》・勲等《くんとう》は一切受けないこと

・親戚を除き死亡通知は新聞広告以外一切ださないこと

・葬儀は東京では行わず郷里で密かに行い、生花・香典は受け取らないこと

▼**憶測**　松本剛吉《まつもとごうきち》の日記（岡義武・林茂校訂『大正デモクラシー期の政治——松本剛吉政治日誌』）をはじめ当時の文献にも、事前に暗殺情報が飛び交っていた。この点に関しては長文連『原首相暗殺』参照。

原の私邸　東京・芝公園七の四にあった原の私邸には、朝早くから大勢の政客が押しかけ、原は丁寧に応接した。

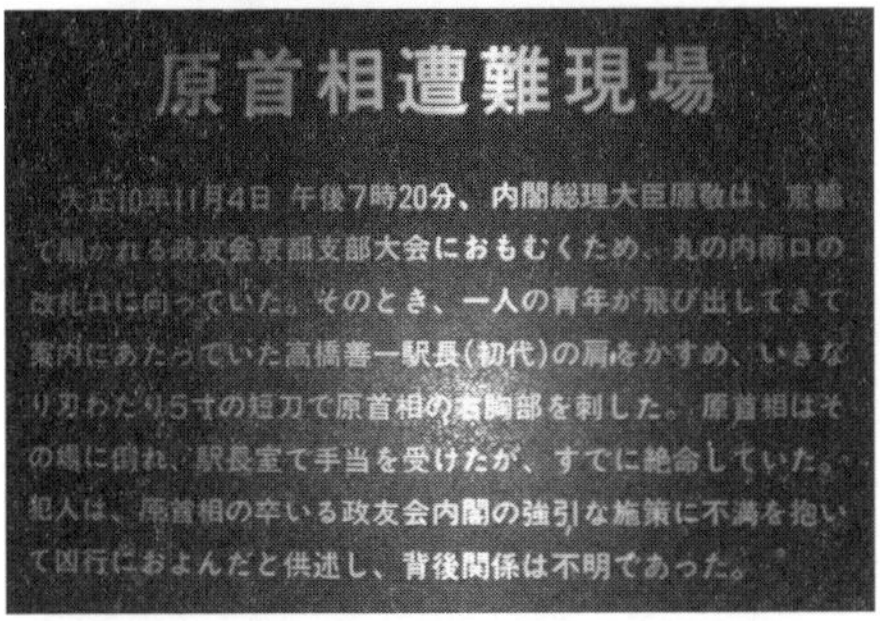

暗殺場所　東京駅丸ノ内南改札口のそばにある原敬が暗殺された場所を示す鋲(上)とプレート(下)。

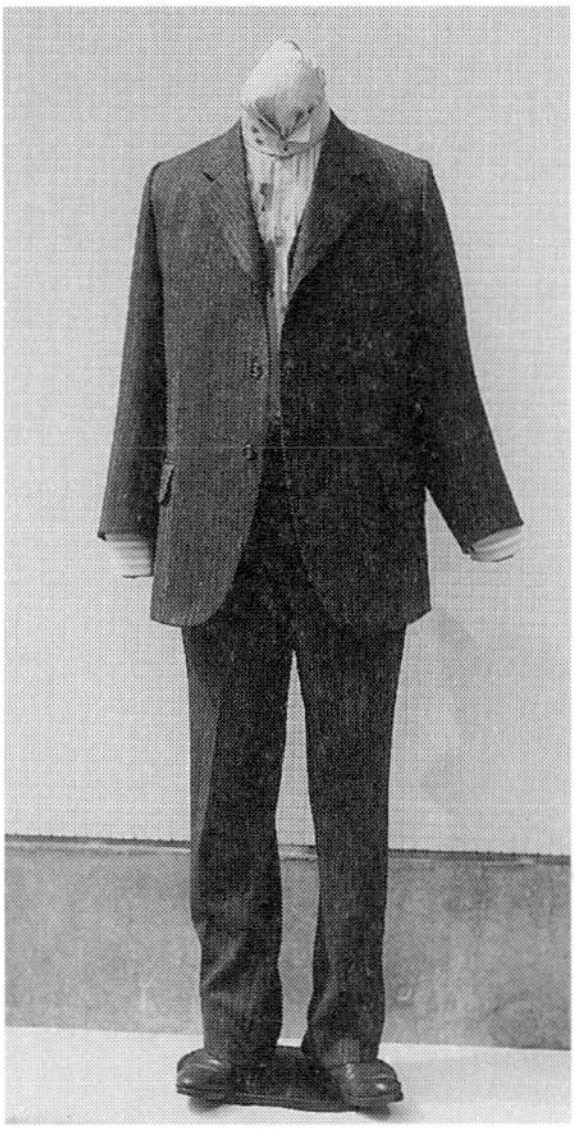

遭難時着用の衣服

・墓碑は姓名・戒名以外一切彫らないこと

カネの面でも、原は多くの利権政治家と違って、清廉潔白だったことがこの遺書からもわかる。たしかに原率いる政友会は公共土木事業を盛んに行い、官僚との妥協を繰り返したが、原の目の届く範囲では党利党略的不平等さや汚職は少なかった。政党政治＝汚職・腐敗政治と理解するのは早計であろう。

また、かつて坂野潤治氏は、政友会が一九二〇（大正九）年に野党が提出した普選法案に反対し議会を解散したことを評して「政友会はこの時、自由主義の党としての立場を放棄し、保守化した」、そしてこの選択は「きわめて近視眼的な愚かな選択であり、同党の将来に大きな傷痕をのこす」ことになったと記している。

この指摘は正しい。原は選挙に際し「対決」的方針から普選＝共産主義という図式を示したが、それは昭和期において、自由主義者に対してすらも「アカ」というレッテルを貼ったり、共産主義に過敏に反応して原理的な日本国体論を強調したりという事態につながる側面をもっていた。あるいは、国際連盟創設の場においてことさらに人種差別撤廃を要求したことも、欧米人にはよりいっそう日本の硬派的軍国主義的イメージを増幅させたであろうし、日本人に対しては東亜新秩序《とうあしんちつじょ》(侵略者西洋に対する被害者東洋の反撃)が正当であるという意識の導火線となったであろう。

しかし、すでにみたように、原は一方で「近視眼」的な戦術的選択も行ったが、他方で遠い未来の目標に向かい、両者を「調和」させながら一歩ずつ進むという冷静な姿勢ももち実践してきた。できれば、原が政党政治という枠組みのなかで、どのようにして旧《ふる》い日本のうえに新しい日本を建設していこうとしたのかみてみたかったが、残念ながらそれは不可能となってしまった。

図版所蔵・提供者一覧(敬称略, 五十音順)

国立国会図書館　扉, p. 33, 48, 60, 67, 70上

徳川美術館　カバー表

原敬記念館　カバー裏, p. 7下(原図), 15上・下, 36上・下, 55上・下, 65上, 76, 85上・下右

原敬記念館・著者　p. 7上

毎日新聞社　p. 65下, 70下

著者　p. 85下左

参考文献

有馬学「山県有朋の語られ方」伊藤隆編『山県有朋と近代日本』吉川弘文館, 2008年
岡義武・林茂校訂『大正デモクラシー期の政治――松本剛吉政治日誌』岩波書店, 1959年
川田稔『原敬と山県有朋』中央公論社(中公新書), 1998年
菊池悟郎・溝口白羊共編『原敬全伝　天地篇』(御厨貴監修『歴代総理大臣伝記叢書』第10・11巻, ゆまに書房, 2006年所収)
木舎幾三郎『平民首相原敬と其周囲』戦後経営調査会, 1919年
金原左門『大正期の政党と国民』塙書房, 1973年
久保田辰彦『廿一大先覚記者伝』大阪毎日新聞社, 1930年
小松浩「イギリスにおける小選挙区制論の史的展開」『明治大学大学院紀要』27号, 法学篇, 1989年
佐々木隆『藩閥政府と立憲政治』吉川弘文館, 1992年
佐々木隆『日本の近代14　メディアと権力』中央公論新社, 1999年
塩崎弘明『国際新秩序を求めて』九州大学出版会, 1998年
季武嘉也『大正期の政治構造』吉川弘文館, 1998年
田中朝吉編『原敬全集　上・下』原敬全集刊行会, 1929年
玉井清『原敬と立憲政友会』慶應義塾大学出版会, 1999年
田屋清『原敬大正八年』日本評論社, 1987年
長文連『原首相暗殺』図書出版社, 1980年
テツオ・ナジタ著・安田志郎訳『原敬　政治技術の巨匠』読売新聞社, 1974年
成沢光「原内閣と第一次世界大戦後の国内状況」『法学志林』66巻2・3号
原奎一郎『原敬　上・下』大慈会原敬遺徳顕彰会, 1998～99年
原奎一郎編『原敬日記』第1～9巻, 乾元社, 1950年(復刻版, 第1～6巻, 福村出版, 1981年)
原敬記念館編『原敬研究資料』1～43号(1990～2007年)
原敬文書研究会編『原敬関係文書』第1～10巻・別巻, 日本放送出版協会, 1984～89年
坂野潤治『明治憲法体制の確立』東京大学出版会, 1971年
坂野潤治「平民宰相原敬1920年の誤算」『中央公論』1985年7月号
前田蓮山『原敬伝　上・下』高山書院, 1943年
升味準之輔『日本政党史論』第2～4巻, 東京大学出版会, 1966～68年
三谷太一郎『日本政党政治の形成』東京大学出版会, 1967年
三谷太一郎『大正デモクラシー論』中央公論社, 1974年
宮崎隆次「政党領袖と地方名望家――原敬と盛岡市・岩手県の場合」日本政治学会編『近代日本政治における中央と地方』岩波書店, 1985年
山本四郎『評伝原敬　上・下』東京創元社, 1997年
渡辺治「日本帝国主義の支配構造」『歴史学研究』別冊, 1982年11月号
渡辺幾治郎『陸奥宗光伝』改造社, 1934年

原敬とその時代

西暦	年号	齢	おもな事項
1856	安政3		*2-9* 盛岡藩本宮村原直治・リツの次男として生まれる
1868	明治元	12	*9-24* 盛岡藩降伏
1870	3	14	*1-* 藩校作人館に通学するようになる
1871	4	15	*12-* 共慣義塾に入学するため上京
1872	5	16	*11-* マリンの神学校に入学
1873	6	17	*4-* 横浜エブラル方に寄寓するようになる
1875	8	19	*6-30* 分家して平民の族籍となる。*10-18* 三叉学舎に入塾
1876	9	20	*7-* 司法省法学校第2期生として入学
1879	12	23	*2-6* 賄征伐事件で退学となる。*2-20* 中江兆民の仏蘭西学舎に入塾。*11-16* 郵便報知新聞社に入社
1881	14	25	*5-23* 渡辺洪基と東北・北海道巡遊(〜*10-*)
1882	15	26	*1-* 郵便報知新聞社を退社。*3-* 大阪・大東日報社に入社(〜*8-*)。*11-21* 外務省御用掛公信局勤務となる
1883	16	27	*11-26* 清国天津領事となる
1885	18	29	*5-9* パリ公使館在勤を命じられる。*12-2* パリ着(〜89年*4-*)
1889	22	33	*2-11* 大日本帝国憲法発布される。*4-27* 農商務省参事官となる
1890	23	34	*5-20* 陸奥宗光，農商務大臣に就任，秘書官となる
1892	25	36	*3-9* 農商務省を辞める。*8-13* 外務省通商局長に就任
1894	27	38	*8-1* 日清戦争勃発(〜95年)
1895	28	39	*5-22* 外務次官に就任
1896	29	40	*6-11* 朝鮮国全権大使となる
1897	30	41	*9-16* 大阪毎日新聞社に入社(〜1900年*11-22*)
1900	33	44	*12-19* 政友会総務委員兼幹事長に指名される。*12-22* 第4次伊藤博文内閣逓信大臣に就任
1901	34	45	*7-11* 大阪・北浜銀行頭取に就任
1902	35	46	*8-10* 衆議院議員に初当選
1903	36	47	*2-20* 大阪新報社長に就任
1904	37	48	*2-10* 日露戦争勃発(〜05年)
1905	38	49	*4-1* 古河鉱業副社長に就任
1906	39	50	*1-7* 第1次西園寺公望内閣内務大臣に就任
1908	41	52	*8-24* 欧米漫遊(〜09年*2-20*)
1911	44	55	*8-30* 第2次西園寺公望内閣内務大臣に就任
1912	大正元	56	*12-* 第一次護憲運動起こる
1913	2	57	*2-20* 第1次山本権兵衛内閣内務大臣に就任
1914	3	58	*6-18* 立憲政友会総裁に就任。*7-28* 第一次世界大戦勃発
1918	7	62	*9-29* 首相就任，立憲政友会を基礎とした政党内閣。*11-11* 第一次世界大戦終る
1921	10	65	*11-4* 中岡艮一によって暗殺される

季武嘉也(すえたけ よしや)
1954年生まれ
東京大学大学院人文科学研究科博士課程満期退学
博士(文学)
専攻，日本近代政治史
現在，創価大学文学部教授
主要著書
『原敬は日本に何を残したか』(国立教育会館，1994)
『大正期の政治構造』(吉川弘文館，1998)
『選挙違反の歴史　ウラからみる日本の100年』(吉川弘文館，2007)
『日本近現代史―民意と政党―』(編著，放送大学振興会，2021)

日本史リブレット人 094
原敬《はらたかし》
日本政党政治の原点

2010年5月20日　1版1刷　発行
2023年11月30日　1版3刷　発行

著者：季武嘉也《すえたけよしや》

発行者：野澤武史

発行所：株式会社 山川出版社

〒101－0047　東京都千代田区内神田1－13－13
電話　03(3293)8131(営業)
03(3293)8135(編集)
https://www.yamakawa.co.jp/

印刷所：明和印刷株式会社

製本所：株式会社 ブロケード

装幀：菊地信義

ISBN 978-4-634-54894-7

日本史リブレット 人

1 卑弥呼と台与——仁藤敦史
2 倭の五王——森 公章
3 蘇我大臣家——佐藤長門
4 聖徳太子——大平 聡
5 天智天皇——須原祥二
6 天武天皇と持統天皇——義江明子
7 聖武天皇——寺崎保広
8 行基——鈴木景二
9 藤原不比等——坂上康俊
10 大伴家持——鐘江宏之
11 桓武天皇——西本昌弘
12 空海——曾根正人
13 円仁と円珍——平野卓治
14 菅原道真——大隅清陽
15 藤原良房——今 正秀
16 宇多天皇と醍醐天皇——川尻秋生
17 平将門と藤原純友——下向井龍彦
18 源信と空也——新川登亀男
19 藤原道長——大津 透
20 清少納言と紫式部——丸山裕美子
21 後三条天皇——美川 圭
22 源義家——野口 実
23 奥州藤原三代——斉藤利男
24 後白河上皇——遠藤基郎
25 平清盛——上杉和彦
26 源頼朝——高橋典幸
27 重源と栄西——久野修義
28 法然——平 雅行
29 北条時政と北条政子——関 幸彦
30 藤原定家——五味文彦
31 後鳥羽上皇——杉橋隆夫
32 北条泰時——三田武繁
33 日蓮と一遍——佐々木馨
34 北条時宗と安達泰盛——福島金治
35 北条高時と金沢貞顕——永井 晋
36 足利尊氏と足利直義——山家浩樹
37 後醍醐天皇——本郷和人
38 北畠親房と今川了俊——近藤成一
39 足利義満——伊藤喜良
40 足利義政と日野富子——田端泰子
41 蓮如——神田千里
42 北条早雲——池上裕子
43 武田信玄と毛利元就——鴨川達夫
44 フランシスコ＝ザビエル——浅見雅一
45 織田信長——藤田達生
46 徳川家康——藤井讓治
47 後水尾院と東福門院——山口和夫
48 徳川光圀——鈴木暎一
49 徳川綱吉——福田千鶴
50 渋川春海——林 淳
51 徳川吉宗——大石 学
52 田沼意次——深谷克己
53 遠山景元——藤田 覚
54 酒井抱一——玉蟲敏子
55 葛飾北斎——大久保純一
56 塙保己一——高埜利彦
57 伊能忠敬——星埜由尚
58 近藤重蔵と近藤富蔵——谷本晃久
59 二宮尊徳——舟橋明宏
60 平田篤胤と佐藤信淵——小野 将
61 大原幽学と飯岡助五郎——高橋 敏
62 ケンペルとシーボルト——松井洋子
63 小林一茶——青木美智男
64 鶴屋南北——諏訪春雄
65 中山みき——小澤 浩
66 勝小吉と勝海舟——大口勇次郎
67 坂本龍馬——井上 勲
68 土方歳三と榎本武揚——宮地正人
69 徳川慶喜——松尾正人
70 木戸孝允——一坂太郎
71 西郷隆盛——徳永和喜
72 大久保利通——佐々木克
73 明治天皇と昭憲皇太后——佐々木隆
74 岩倉具視——坂本一登
75 後藤象二郎——村瀬信一
76 福澤諭吉と大隈重信——池田勇太
77 伊藤博文と山県有朋——西川 誠
78 井上馨——神山恒雄
79 河野広中と田中正造——田崎公司
80 尚泰——川畑 恵
81 森有礼と内村鑑三——狐塚裕子
82 重野安繹と久米邦武——松沢裕作
83 徳富蘇峰——中野目徹
84 岡倉天心と大川周明——塩出浩之
85 渋沢栄一——井上 潤
86 三野村利左衛門と益田孝——森田貴子
87 ボワソナード——池田眞朗
88 島地黙雷——山口輝臣
89 児玉源太郎——大澤博明
90 西園寺公望——永井 和
91 桂太郎と森鷗外——荒木康彦
92 高峰譲吉と豊田佐吉——鈴木 淳
93 平塚らいてう——差波亜紀子
94 原敬——季武嘉也
95 美濃部達吉と吉野作造——古川江里子
96 斎藤実——小林和幸
97 田中義一——加藤陽子
98 松岡洋右——田浦雅徳
99 溥儀——塚瀬 進
100 東条英機——古川隆久

〈白ヌキ数字は既刊〉